お母さん精神科医の育児クリニック

元「研修医　なな子」がお答えします

著 泉 薫子　絵 森本梢子

集英社

お久しぶりです恥ずかしいばかりの研修医時代からふん十《じゅう》ふん年
皆様に支えられて現在は精神科医として忙しい毎日です
というわけで皆様の子育ての悩みにお答えしたいと思っております
なんの大丈夫です
今やもうベテランの女医落ち着いたものです
しぇんしぇいスカートがめくれちょります
こういうドジは相変わらずですが

元「研修医 なな子」泉薫子

はじめに

「子育て」というものは、悩みが多いものですね。でもその分、喜びも感じるものです。また「子育て」は楽しみにみちていますが、子どもが離れていくさみしさも待っています。子どもがたくましく育っていくのをそばで見守ることは、本当にうれしいことです。しかしその分うまくいかないと感じると、不安が強くなり、悩んでしまいます。

実は私も、悩んだり、困ったりしながら子育てをしてきました。内科医として働きながらの子育ては、私の母の手助けなしでは絶対無理でした。そして妹（とても忙しい漫画家）や退職後の父（意外と戦力になります）にも助けてもらいました。

私のように仕事と育児を同時にしている母親は、どちらも中途半端なのじゃないかと不安になります。これでいいのかという悩みも重なってきます。その最中にいる時は不安になりますが、仕事も育児も両方とも、本来が中途半端になんかできるものではありません。後になって考えると「どちらも全力だったな」とわかるのです。

わたしが思い切って精神科に転向したのは、「子育てが一段落したな」と思った45歳ごろ、医師としての仕事をバージョンアップするためでした。

大学に戻り、研修登録医になり、精神科の勉強をやりなおしました。精神療法や児童心理学、発達心理学を学んでいくと、自分の子育てで経験したことを「あーそうだったのか」と納得したり、反省したりできました。そうやって振り返ることは、子育ての復習をする思いでした。そうできたことが私にとっては大きな収穫で、その後の精神科の診療にとても役に立ったのです。今は、いろいろな悩みを持つお母さんの相談に乗ることで、またさらに、新しい子育ての側面を知ることができます。

今回、いろいろな思いを込めて、この本を書きました。今まさに子育て中の方、これから子育て予定の方に、何らかのヒントになると良いなと思います。子育てに悩んだときに大事なことは、「子どもを長い目で見て、結果を急がない」「子どもと少し距離を取ってながめ、冷静になる」「子どもを違った角度から見て、いろんな面があることに気づく」などの視点だと思います。子育ての真っただ中にいると、どうしても視野が狭くなり、あせってしまいます。自分が楽になるような考え方を持てる手助け、悩みを解決するきっかけをつかむ手助けができたらうれしいです。

この本を作るに当たり、集英社の藤川さん山内さん、そして有馬さんにお世話になりました。「ププッと笑える漫画」を書いてくれた梢子先生、ありがとうございました。子育てには、笑いがおおいに薬になりますね。

最後に、原稿を書くにあたり、いつも適切なアドバイスをくれた精神科の岡野医師に感謝します。

目次

学校きらい

企画　YOU編集部
構成　有馬弥生（やよい企画）
校正協力　井上夏樹
鈴木麻由美
デザイン　柴田尚吾（PLUSTUS++）

0章

私、精神科医の泉薫子ですが

育児アドバイスのとらえ方についての相談

義母と子育ての意見が合いません

2歳の男の子の母親です。
義母と子育ての意見が合わず悩んでいます。子育てのことについていろいろアドバイスをしてくれるのですが、のんびりと育てたいと考えている私とは意見が合いません。悩みが大きくなってしまいます。

お悩みケース 1

「子育てに『正解』はない」ということはよく言われますが、本当にその通りです。親がそれぞれの考えで、自分の子に合っていると思う育て方をしていくことが基本だと思います。ですから「子育て」というのは、世界でただ一人の子どもと、その親が、わが子をどんなふうに育てていくか、どう付き合っていくかを考えながら行う、世界でただ一つのものです。そのため千差万別です。

自分の感覚を信じて育てていくしかないのですが、正解がないだけに悩んでしまうのも当然です。それに加えて、いろんなアドバイスを受けてしまうと、さらに悩みが深くなってしまいますね。

子育てのアドバイスは「自分の気持ちに

ぴったり合うものだけ取り入れる」ことが基本でしょうね。ご相談のお母さんも、自分の考え通りに子育てすることが大事だと思ってください。しかし経験者のアドバイスの中には「なるほど！」と思うものも多いので、柔軟に取り入れることができると良いですね。

自分にとって有用なものを探してみよう

子育てに関する本や情報が世の中にあふれているのは、それだけ悩んでいる人が多いということです。そして自分の悩みや不安を少しでも解消することができる「答え」や、アドバイス、ちょっとした言葉や考え方などを見つけたいと願う人が多いからだと思います。そんなときに大切なことは、あふれる情報やいろんなアドバイスの中から、ちょっとしたヒント、思ってもみなかった考え方や、視野を広げるコツなど、自分にとって有用なものを見出すことでしょう。

たとえば私の子育て時代も、いろいろな情報やアドバイスをもらいました。でも覚えているものは、母が言った何気ない一言だけです。それは「外出する時は、子どもの手を放したらだめよ」というとてもシンプルなもの。

うっかりものの私とちょこまか動き回る子どもたち、という組み合わせだったわけですが、確かに外出時に3人の子どもの手を放すことは、とても危険なことでした。なるほど、絶対手

子育ては
夫婦や
じじばばで
わちゃわちゃ
もめたりも
しながら
やってくもんだ
と思ってれば
気は楽かと
エリートに
スポーツ選手に
イケメンに
元気ならええ
芸術家に
元気なイケメンやね

を放してはいけないなあと、それだけを守りました。そして同時に「そうか、命を守ることが子育ての基本だ」と改めて認識できた言葉でもあります。

私は子育てに対してとても気を張っていました。でもその言葉を聞いた時、頭の中にふと「動物が子どもを口にくわえて運ぶイメージ」が浮かんで、「生かして育てる」これだけでいいんだと、すっと肩の力が抜けたのを憶えています。

自分に必要なアドバイスを見つけ、自分が楽になるような助言を受け入れようと思えば良いのだと思います。自分には無理だと感じたり、何か違うなと思うようなアドバイスは、ストレスになるだけですからね。

取り入れたくても実行できないことも

さて、子育てのアドバイスの中には、取り入れたほうが良いだろうなとわかっていても、実行するのが難しいと思うものもあります。そんなときは無理をせずにあきらめることを選択する場合もあるでしょう。

たとえば「英語は小さい時に触れると良いですよ」というものがあります。確かにそうかもしれません。しかし私の場合はそのころ、仕事と家事と、育児の両立で時間がなかったため、その助言は取り入れませんでした。

結果、やはり3人の子どもたちは英語が得意にはなりませんでした。それどころかうち一人は、中学になり英語に接したとたん、「一生使わないと思うので、英語を勉強しなくていい？」と聞いてくる始末でした。

「中1で一生などとは言っちゃいけない」とそちらの方だけ注意して、英語の勉強はしないというとんでもない申し出にOKを出してしまいました。中学高校で英語の成績がボロボロだったのは言うまでもありません。しかし大学受験にあたって本人もやっと英語の勉強の必要性を理解したのか、するようになりました。ものすごく苦労したようですが、結局英語の勉強は避けて通ることはできなかったようです。

様々な情報の中から 自分の直感で決める

自分の子育てがどんな結果になるのかは、その子育てのさなかでは知る由《よし》もありませんが、その時その時で、親と子どもの両方の都合で、いろんなことを決定していかなくてはなりません。私の子育てでも、良いとわかっていても、自分の子育てにすべてを取り入れることはできませんでした。いろんな情報の中から、自分の直感で取捨選択していかないといけないのだと思います。

ご相談のお母さんも、お義母《かあ》さんの意見の中から、自分の子育てに役に立ちそうなことだけを取り入れようと思うことが大事でしょう。

人はそれぞれ、自分の経験や考えを基に、または自分の子育ての後悔を基に、人に対して子育ての助言をします。でもそれは、すべての子育てに合うとは限らないのです。

ですから、世の中にあふれている情報や助言の中から、もちろんこの「お悩み相談」も含めてのことですが、自分に必要だと感じるもの、今の気持ちに合うことを見出して、不安や悩みを少しでも解消できると良いですね。

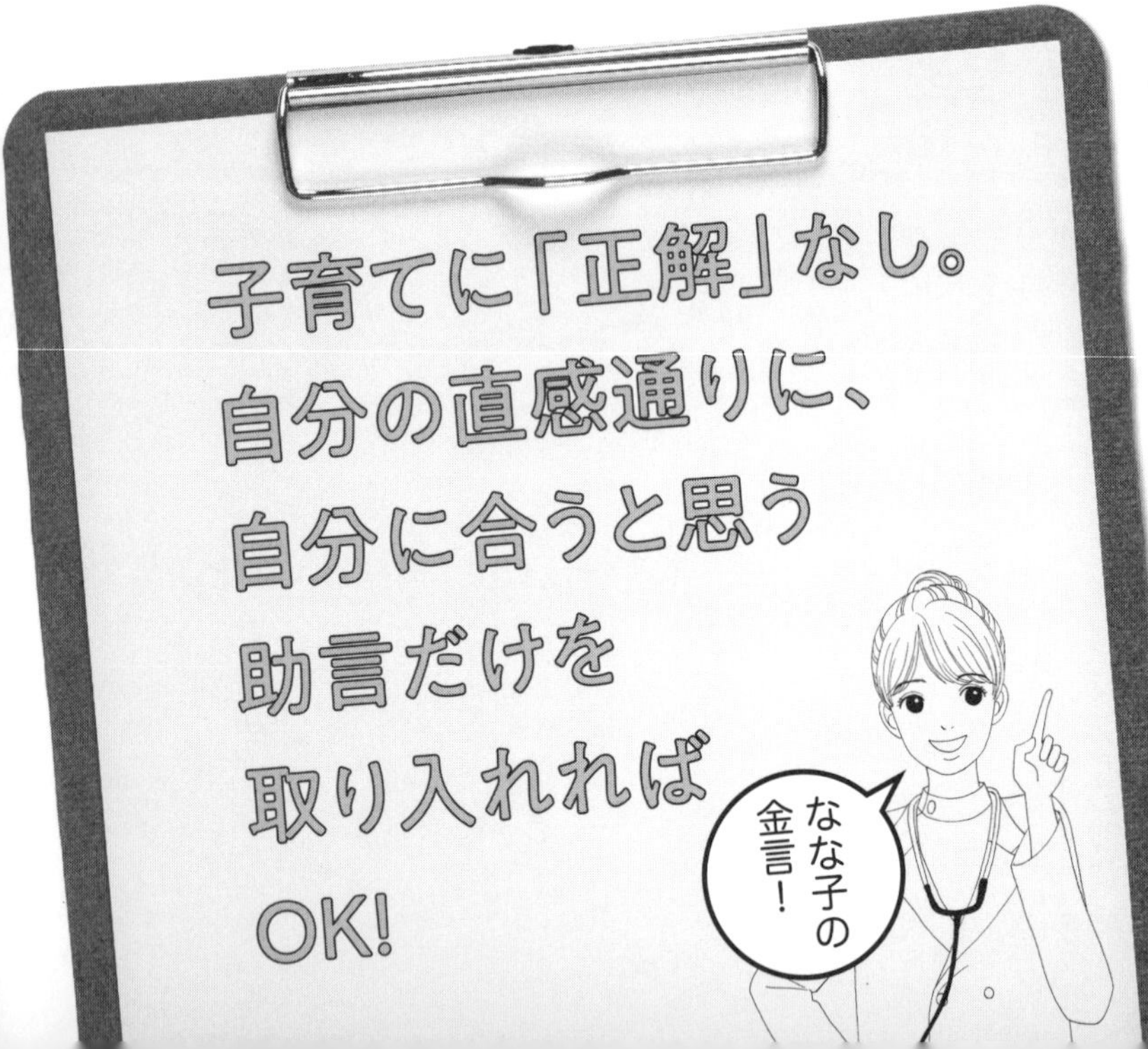
子育てに「正解」なし。
自分の直感通りに、
自分に合うと思う
助言だけを
取り入れれば
OK!
なな子の金言!

1章

息子がウソをつくのですが

「これはしつけの問題か?」と悩んだときの相談

息子がウソをつきます

娘がスマホ依存です

娘の好き嫌いが心配です

片付けが苦手な息子が心配です

息子の忘れ物が直りません

子どものわがままに困っています

息子が暴力的です

お悩みケース 2

11歳の男の子の母親です。
息子がウソをつきます。
失くしたプリントを「初めからもらっていない」と言ったり、やっていない宿題も「やった」と言いはります。明らかにウソだとわかっていることでも平気でウソをつきます。今は人に迷惑はかけていませんが、将来が心配です。

人は大なり小なりウソをつきます。

社会の中には、「社交辞令」や「嘘も方便」という言葉があります。これは相手の気持ちを傷つけないようにという配慮からくるウソのことです。

また、馬鹿にされたりいじめられたりしないように、自分を守ろうとするためにつくウソもあります。

あまりうれしくないプレゼントにも「うれしかった」と言ったり、ちょっとした見栄を張って、知らないことを知ったふりしてしまうことは、誰でも経験することではないでしょうか？　仕事に行きたくなくて、風邪だと言って会社を休むことも、めずらしいことではありませんよね。

「大事な人を守るためのウソ」となると、

社会的にも認められているウソといえます。

子どもはウソをつく 道徳性の有無が問題

もちろん人は基本的に誠実でなければいけません。そして人を騙したり、人を陥《おとしい》れるようなウソはいけないことだと子どもには教えないといけませんが、子どもがウソをつくことは、それほど特別なことではないと考えて良いでしょう。

幼少期の子どもだと、ヒーローやモンスターの存在を信じていたりして、そもそも真実と虚構との間もあやふやですが、11歳になると現実ははっきりと認識され、判断力もついてくる年齢ではあります。でもここで大事なことは、子どもがウソをつくかどうかより、子どもさんの道徳的な考え方が育っているかどうかだと思います。

道徳性が身についているかどうかというのは、「悪いことをしたときに後ろめたい気持ちになる」という罪悪感があるかどうか、「かわいそうな人のことを同情する気持ち」や「つらい体験をした人のことを思いやる気持ち」などの共感性があるかどうか、物事の善悪の判断ができるか、社会の規則を守れるか、「困った人がいたら助ける」などの行動ができるか、などで判断します。

道徳性は見習い学んで身に付けていくもの

こういった、道徳的な考え方や共感性、社会の規則への理解、道徳的な行動ができているかどうかが重要です。なぜなら、もし道徳性が身についていたら、たとえウソをつくとしても許される範囲を守り、人を傷つけるウソは避けることができるはずだからです。

一般的にこういった道徳性は、4～5歳くらいから理解しはじめ、11歳前後までに身につくと言われています。しかし道徳性というものは個人差があり、子どもによってその発達段階は様々です。そして年齢を重ねて育っていけば自然に身につくという

ものではなく、周囲の行動から学んで身につけていくものです。

本や周囲の人間を通し教わったり真似たり…

たとえば善悪の区別や社会の規律などは、いろんな本や周囲の人から「それはだめなことだよ」と教えてもらったり、学校教育の中で学んでいくものです。また「困っている人を助けること」や、「自分がほしくても他人のために我慢すること」、「物を分けてあげる」などの〝道徳的な行為〟は、周囲の人がやっていることを真似たり聞いたりして覚えていくものです。大人がモデルとなって道徳的な行動を示す必要があります。

大人でさえ持っているとは言いきれない力も

また「相手の立場になって考える力」は、複雑な認知力が必要です。自分の気持ちだけでなく他人の立場や気持ちになって考えることや、自分の主張だけするのではなく相手の意見も尊重すること、多くの人の視点に立って考える力などは、大人でも十分な力を持っているとはかぎらず、子ども自身がいろんな経験を積んで身につけていく必要があるでしょう。

ウソをつく背景に親が気づいてやるのが大切

さて、子どもがウソをつくのは、「叱られるのが嫌でウソをつく」「勉強や掃除など、やりたくないことを避けるためにウソをつく」など、自分を守るための、叱られないようにごまかすためのウソや、「それ知ってる」とか「それ持ってる」など、子ども社会の中で上位に立つことができるようになるためにつくウソ、仲間外れにならないためのウソなどが多いように思います。

こんなとき、親がウソをついたことだけを責めて強く叱ってしまうと悪循環ですね。ますます、叱られないようにごまかそうとしてしまう場合もあります。それよりも、親は子どもがウソをついてしまう理由や、ウソをついてしまう背景にある気持ちに気づいてあげることが大事でしょう。

子どもは親の態度を見て育つ──誠実さが大切

そして「ウソをついてしまう理由はわかっている」と伝え、しかし「正直に言ったほうが最終的には得になること」や、「真実を言うほうが正しいことだ」ということを教えていくことが効果的でしょう。

いずれにしても、子どもは親の態度や対処の仕方をしっかり見て育ちます。親の道徳性が大きく影響します。

親はできるだけ誠実に、ウソのない態度が大事ですね。

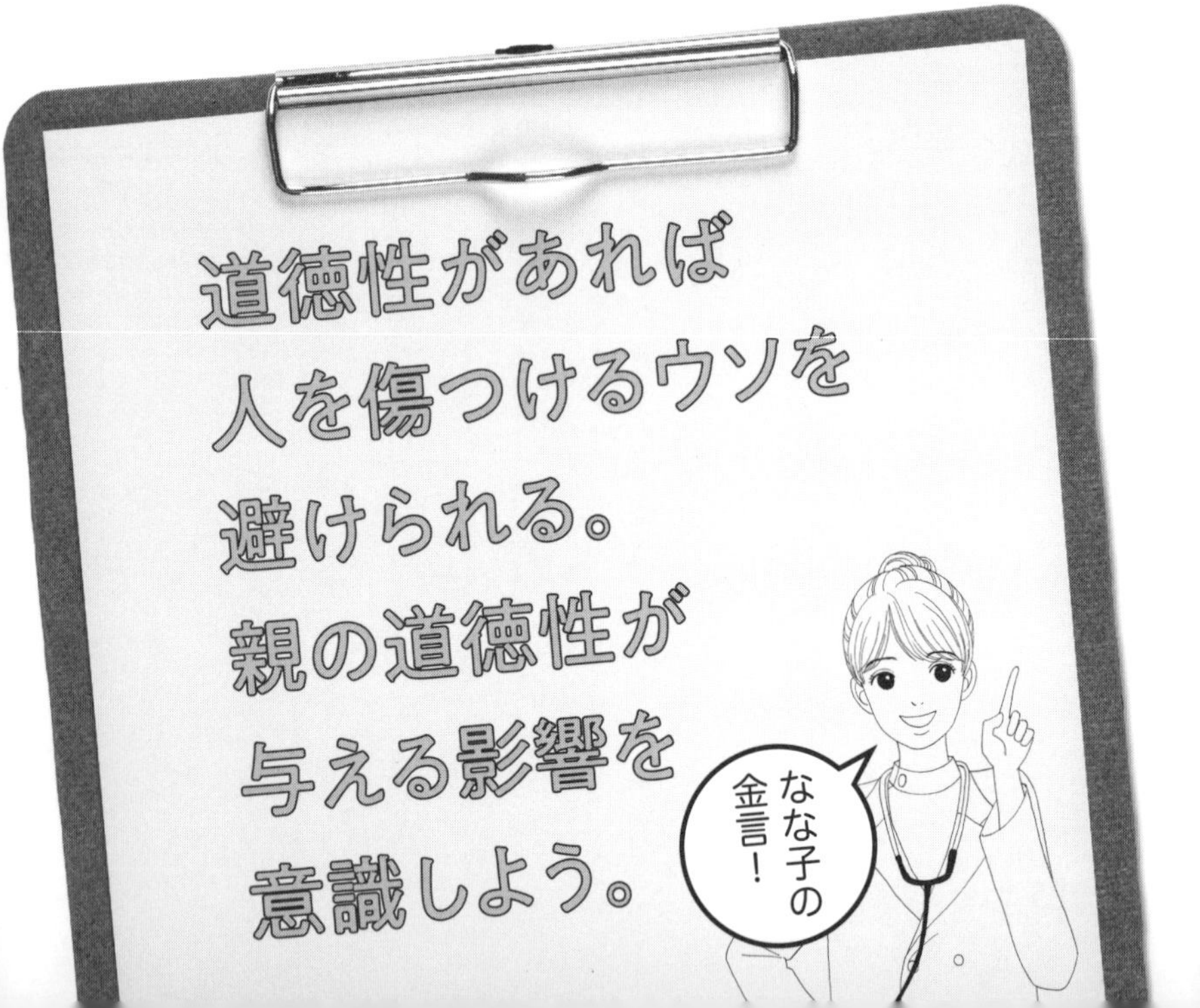
道徳性があれば
人を傷つけるウソを
避けられる。
親の道徳性が
与える影響を
意識しよう。
なな子の金言！

高校2年生の女の子の母親です。
娘は、常にスマホから目を離さず、話しかけても画面から目を離しません。
寝る前や、学校に行く直前までスマホを触っているので、そのことを注意しますが、娘からはまともな返事が返ってきません。
スマホ依存でしょうか？ 対処法はあるのでしょうか？

お悩みケース 3

スマホを含むネットへの嗜癖《しへき》（一般的には依存）に関する相談が、最近増えています。

ネットやスマホへの嗜癖《しへき》は、ギャンブル嗜癖《しへき》や買い物嗜癖《しへき》などと同じく、その習慣が行き過ぎて、自分でコントロールできなくなった状態を言います。

そしてその行き過ぎた行動のため、様々な健康問題や社会問題を引き起こします。睡眠不足や運動不足、食欲低下などの健康被害や、不登校や引きこもり、イライラや暴言などの社会的な問題や精神的な問題です。こうしたネット嗜癖《しへき》（以後依存）は、今後急速に増えていくでしょう。

依存が進むと現実の人間関係を避けるように

医療機関に相談に来られる方は、同じような経過をたどることが多いようです。

小学生ぐらいからゲームにはまり、徐々にオンラインゲームに発展します。また中学生や高校生になってスマホを手に入れると、さらにコミュニケーションサイトやゲームにはまりこみ、寝る時間も惜しんで、スマホやネットから離れられません。寝る時間がだんだん遅くなり、朝起きられなくなる。そして学校を遅刻することが多くなります。

さらに、ネットやスマホができないとイライラして、じゃまされると腹が立ち、実生活での人間関係を煩《わずら》わしく感じるようになります。その結果、現実の人間関係を避けるようになって、学校から足が遠のき、引きこもりがちになります。

依存を自覚させることが難しいけれど大事！

ご相談の娘さんの状態も、日常生活にすでに支障をきたしているようですね。そして、親から注意されてもいらだっており、ネット依存の状態だと考えられます。まず、そのことを本人に自覚してもらうことが大事ですが、実はそこが一番難しいところでもあります。

どれだけネットで時間を失って損をしているか、どれだけ学業や健康に支障をきたしてしまうかなどについて、親子でじっくり話し合わなければいけません。現実の人間関係が少なくなってしまうことや、ネットは便利な道具だけれど危険が伴うことも、しっかり認識する必要があります。

本人が納得したうえで、ネットを使うためのルールを親子で作っていくべきでしょう。

スマホを強引に取り上げることは最終手段にしないといけません。なぜなら、これからの世の中、ネットを使わずに生活することは難しいと思われるからです。そのた

め、自分でネットをコントロールしていく力をつけることが重要になってくるのです。

依存のきっかけや理由を探して真の解決を！

ネットに依存してしまうのには、その人なりのきっかけがあるようです。そのきっかけは、「実生活にストレスが多く、その解消法としてネットをしてしまう」「なんらかの達成感をネットの中に見出したい」「現実のコミュニケーションが苦手で、ネットの中に人とのコミュニケーションを求める」「冒険や喜びを見出したい」など、さまざまです。

子どもさんが依存になったきっかけを探して認識し、そのきっかけに対しても対処法を考えないと、解決にならないことも多いようです。

依存が長くなるほど脱却するのも困難に！

さて、２０１４年の総務省の調査になりますが、高校生のネット依存が疑われる割合は、男子が3.9％、女子が5.2％でした。かなりの数字ですが、おそらく自覚していない人も多いのでしょうね。この割合は、今後さらに増えていくことが予測されます。

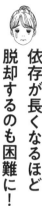

依存の問題はなんでもそうですが、依存の期間が長くなればなるほど、そこからの脱却が困難になる傾向があります。

昼夜逆転や親への暴言、引きこもりなど、長期化すると問題も深刻化していきます。本人の自覚はなかなか難しいので、親が早めに気づいて対処することが重要かもしれません。

たとえば、

①子どもが小さいうちは、インターネットはさせない、スマホは持たせない
②なるべくリビングなど目の届くところに置く
③与える前にあらかじめ使用時間や内容などのルールを作り、見守る
④親もルールを守る（親も依存していることがある）
⑤生活リズム（早寝早起き）を崩さないようにサポートし
　親も生活リズムを崩さない
⑥ゲームやネットにのめりこみやすい傾向のある子どもには
　特に注意して使用させる

などが考えられます。

自分たちでルールを決めた方が効果が高い！

親子でしっかり話し合いをしても説得が難しい場合は、親だけでも専門機関に相談することをお勧めします。

最近では、学校でこの問題を扱って子ども同士でルール作りをしている例もあるようです。親の言うことより、自分たちで決めたルールの方が、効果が高いようです。

いずれにしても、この問題はまだ新しく、予防対策や治療方法が確立していないのが現状です。子どもはもちろん、親もこの便利で身近なインターネットを上手にコントロールして使用する方法を、一緒に考えなくてはいけませんね。

スマホ依存への対策はまだまだこれから。説得が難しい場合は専門機関に相談を!
なな子の金言！

お悩みケース 4

7歳の女の子の母親です。
娘の食べ物の好き嫌いで悩んでいます。
野菜の中でも好き嫌いがあり、栄養の多い緑の野菜が嫌いです。小さく刻んで食べさせたりミンチに混ぜたりしますが、なかなか食べてくれません。
健康に問題はなく、成長も良いのですが、栄養面が心配です。

ご相談の子どもさんは成長と健康に問題ないということですので、心配ないと考えて良いでしょう。お母さんは調理に工夫している様子ですね。今はそれで十分ではないでしょうか。好き嫌いを今すぐ直すのは難しく、あせらずに少しずつ慣らしていこうと考えてください。

反対に、嫌いなものを食べさせようと親が強いプレッシャーを与え、熱心になりすぎてコントロールしようとすると、食卓が子どもにとって楽しくない、緊張の強い場所になり、食べるということに何らかの抵抗が起きてくるかもしれません。

今、大事なことは、栄養の問題よりも、子どもに食事のおいしさ、食べることの楽しさなどを教えていくことだと思いますよ。

子どもの食事に関する母親の悩みは様々で…

子どもの食事のことで困っている母親は多いように思います。その内容は「座って食べない」「遊び食い」「偏食」「むら食い」「食べるのに時間がかかりすぎる」など様々です。

確かに、朝の忙しい時間に、子どもが遊び食いをしたり時間がかかったりすると、親はそわそわイライラしますよね。またせっかく作った食事を、好き嫌いをして食べなかったりむら食いをされるとがっかりもします。母親はどうしても、子どもの食事や食行動に敏感になってしまいますね。

母親は子どもが生まれてから、授乳・離乳食と、ずっと食べ物を与えるという大事な役割を担います。その期間は責任が母親にあるため、栄養が十分なのか、子どもの成長が順調だろうかといつも不安です。しかし幼児期になると、子どもは自分で取り分けたり自分で口に持っていったりするようになり、少しずつ主体的に食べるという行動をしていきます。「食べさせてもらう食事」から、「自分で食べる食事」に変わっていくのです。つまりだんだん「親が全て思い通りに食べさせること」が難しくなってきます。

たとえば子どもが汚すからとか時間がかかるからなどの理由で、いつまでも母親の手で食べ

ピーマンちゃんと
にんじんくんは
おいー
いーしーい
なーかーまーー
カンベンしてくれよ〜〜もーー
ムリして食わなくてもいーんだぞ〜〜

させたりして子どもが自分で食べようとする行為を奪ってしまうと、食事の自立を遅らせてしまいます。

また人は、年齢によって味覚に差があります。子どもは元々苦みや酸っぱさは苦手ですが、慣れや学習で苦みを感じる野菜や酸っぱい果物なども徐々に食べることができるようになります。**子どもの好き嫌いは成長とともに変わっていくものです。あせらず、手を出しすぎないようにすることが大事でしょう。**

しかし極端な偏食がある場合には、他の面でも問題がないか観察する必要があります。ご相談の子どもさんには食事以外でも生活のいろいろな面でこだわりが強く、孤立的な傾向がないでしょうか？　自閉的な発達傾向のある子どもさんに、強い偏食があることがあります。そういう場合は食事だけでなく、生活全般のこだわりに対して注目してあげてください。

いずれにしても、親はできるだけ楽しく、豊かな食生活を子どもに経験させることが大事なのだと思います。

食材の工夫や食事の楽しさ、明るい食卓の演出など、できる限りで良いので親も楽しみ、それを一緒に経験できると良いですね。

反対に親が無理に食べさせようとしたり強制的に座らせたりすると、食卓が緊張と苦痛の多い場所になってしまうかもしれません。注意したいものですね。

子どもの食事への無関心は一種のネグレクト

こういった食事に対する過干渉とは反対に、子どもの食事に無関心すぎる親もいます。たとえば、朝ご飯を抜く子どもが多い状況は以前から指摘されていますが、その数は増えてきており、低年齢化しています。「決まった時間に食事をする」という基本的な生活習慣が確立されていないのでしょう。

また最近では、一人で食事をする子どもが増えています。子どもの食事に対する親の無関心…ある意味ネグレクトのようなものかもしれません。子どもだけで食事をすると「好きなものばかり食べる」「甘いものばかり食べる」など、食事のバランスが取れません。ゲームなど他のことをしながら食べている「ながら食い」の実態も見えてきます。

楽しく食卓を囲むという体験がないため、人と一緒に食事がとれない子どもが増えていることとも無関係ではないと思います。何よりも食卓で大人と話すことで、子どもは生きる知恵を学んでいくのです。

食生活の基本を通して社会生活の基本を学ぶ

食べることは生きることの基本です。自分に必要な食材を適切に調理し、楽しく食事をするという食生活の基本は、子どもが生きていくために身につけなくてはいけない基本の力です。親は子どもに食べることの楽しみを教え、たくましく生きていく力をつけさせ、食生活の基本を教えることで、社会生活の基本を教えることができます。それが大事なのだと思いますよ。

好き嫌いに手出し
し過ぎることなく、
食べる楽しみを教え、
生きる力を
身につけさせよう。
なな子の金言！

小学校６年生の男の子の母親です。
息子は片付けが苦手です。部屋の中は洋服や本、学校の道具などが散らかったままです。机の上もプリントや文具でいっぱいになっています。小さいころから整理整頓はしつけてきたつもりですが、なかなかきちんとした習慣になりません。

お悩みケース 5

「片付け」の問題は大人になっても困っている人が多く、真剣に悩んでしまう頭の痛い問題ですね。「片付け」や「整理整頓」関係の本の多さを考えると、この問題に悩んでいる人の深刻さがうかがえます。

大人になっても「片付け」の問題が解決できていない人が多いことを考えると、子どもの時に「片付け」や「整理整頓」のしつけをすることは、実はとても難しいということがわかります。しかし、だからこそ子どものころの「片付け」のしつけは重要だと思います。一緒に考えてみましょう。

「片付け」が苦手な理由に合わせて親が工夫を

「片付け」が苦手になってしまうのには

いくつかのパターンがあります。

「片付け」が苦手になるパターン

①片付けがおっくうで取りかかれない
②先延ばしにする
③片付けを始めても気が散ってなかなか進まない
④捨てるのが苦手で物が溜《た》まってしまう
⑤不器用で洋服をたたんだり収納するのが苦手

などが主なパターンです。

子どもに「片付け」などを上手に教えてあげるためには、**その子どもの苦手な理由に合わせて親も工夫して、「片付け」に取り組みやすくしてあげると良いでしょう。**

たとえば片付けがおっくうで取りかかれない子や片付けを先延ばしにしてしまう子の場合は、なるべく片付ける作業のハードルを下げてあげる必要があります。「散らかっているものを大きな箱に入れるだけにする」とか「ほとんどのものを親が片付けてあげて、最後のいくつかだけを子どもに片付けさせる」など、「片付け」に取りかかりやすくしてあげる工夫が効果的でしょう。年齢相応の力を求めるのではなく、その子のやりやすいところまでハードルを下げると良いでしょうね。また遊び感覚で片付けることができるように片付け競争をするなど、できるだけ楽しくゲーム的になるよう工夫してみるのもお勧めです。

気が散ってなかなか作業が進まない子には、時間の制限をして目標の時間に片付いていないものは没収するなどのルールも、集中して片付けるための方法として効果的です。

捨てるのが苦手で物があふれ片付かない子の場合は、物に対してのこだわりが強いと考えられます。小さいころから必要なものと不要なものとを分ける練習や、不要なものは捨てるという訓練が重要になってく

るでしょう。こだわりある子どもにとっては捨てることはなかなか難しい作業なので、根気強く教えていくことが大事です。

細かい作業が苦手で整理ができず、物がごちゃごちゃになってしまう子も「片付け」が苦手です。親は子どもに〝きちんと〟収納することまでは望まず、「本はこの箱」「衣類はここ」などと、大まかな分類ができるようになることから教えていきましょう。

大人になってからの方が深刻化する「片付け」

さて、「片付けが苦手になるパターン」は大人になっても問題として残っていくものです。ですから「片付けへの取りかかり」「物を捨てる習慣をつける」などの課題には、子どもの時だけではなく大人になっても継続して、今度は自分で取り組む必要があります。

というのも「片付け」の問題は、大人になってからの方が問題が大きくなる場合があるからです。年月が経つと持ち物も増えてきますし、種類も多彩になります。重要な物や貴重な物も増えてきます。ますます管理が難しくなってくるでしょう。

自分でお金を管理するようになると自由に買い物ができるようになり、不要な物を買い込んでしまう場合もあります。物を捨てることが苦手な人はさらに部屋に物が溜《た》まってしまいます。

また仕事を始めると、片付けが苦手な人の問題は職場にまで広がる可能性があります。職場の机のまわりが片付かないだけではなく、物品の整理が悪いと、事故につながったり大事な物の紛失の危険性が高まったり仕事のミスにつながったりと、問題が深刻になったりします。

家庭を持つと「片付け」の問題は、配偶者との間でのトラブルの元になることも少なくないようです。

また部屋が片付かないとハウスダストなど衛生上の問題もあり、さまざまな点で生活全般の質が落ちてしまいます。

生涯を通じて「片付け」を習慣づけるしつけを

このように、子どもの時に「片付け」をしつけることはとても重要です。

「片付け」のやり方を根気強く教えていかないといけませんが、その際何より大事なことは、「片付いた部屋は気持ちが良いこと」や「生活していく上で、清潔であることが快適だということ」を伝え、子ども本人に実感させ気づかせることですね。

また部屋を片付けると「自分の物を管理し、物を大事にすることにつながる」ことや「忘れ物をしないために役立つ」ということも、教えていく必要があります。

そうすることで生涯を通じて「片付け」に継続して取り組むことができ、大人になっても「自分の物を管理する」「必要な物だけを買う」「不要な物を捨てる」「部屋を清潔に保つ」ことなどが身につき、習慣となるでしょう。

生涯を通じて片付けを続けられるよう、子どもをしつける。片付けられない原因に合わせた対策を!
なな子の金言!

お悩みケース 6

小学4年生の男の子の母親です。
息子は、何度言っても学校に忘れ物をしてしまいます。プリントや体操服やノートなど、毎日何かしら忘れてきます。学校に行く前に忘れないように注意しても、効果がないので困ってしまいます。
どうすれば良いでしょうか？

子どもさんに毎日注意しても、忘れ物をしてしまうのですね。どうして忘れてしまうのか、理解できないし不思議ですよね。「わざと言うことを聞かないのだろうか」とか、「反抗的な態度をとっているのだろうか」と思ってしまいますが、おそらくそうではありません。

実は、子どもに限らず成人もそうですが、**人は同じ失敗を繰り返しがちなものなのです。**忘れ物が多い人はつい忘れてしまうし、遅刻してしまう人はいつも遅刻してしまい、物を失くしてしまう人は頻繁に物を失くしています。

それは、人の脳には〝くせ〟があり、同じ失敗を繰り返しやすい特徴があるからです。決してわざとではなく、気をつけようと思ってもつい忘れてしまう〝くせ〟があるからなのです。

子どもの特性を理解し対策を工夫してあげる

ですから忘れ物をしないようにすることは、子どもさんにとっては簡単なことではなく、こちらが思っているよりずっと努力が必要なことを理解してあげましょう。「覚えておこう」と思っても、他のことに気がそれてしまって、つい忘れてしまうこともあります。物を雑然と置いてしまうため、物の管理ができずに忘れてしまうこともあるでしょう。子どもはそれぞれ、忘れてしまう理由も少しずつ違います。親としては、子どもに「忘れないようにしよう」と言うことを繰り返すより、子どもの特性を理解して「どうすれば忘れないようにすることができるか」を一緒に考えて、工夫してあげるほうが効果的でしょう。

たとえば、忘れ物リストを作ったり、付箋《ふせん》やメモを貼《は》ったり、見えやすい場所に置くなど、忘れ物を予防するような工夫や、物の整理の仕方や置き場所を決めることで忘れ物を減らす工夫などを、考えたり教えてあげたりすることが大事です。一緒に考えることで、子どもも自分のことを自覚しやすいでしょう。

つまり、忘れっぽい特性を持つ子どもにとって大事なことは、「自分は忘れ物をしがちなの

これはしかし 子どもに 言わん方がええ
こら!! また遅刻か
すみません… ちょ… 脳のくせが
あんたまた 忘れたの!?
しゃーないんや 脳や 脳のくせや
病名みたいに使うやつ出てくる。
知ってたら私も使った

で気をつけよう」と自覚してもらうことです。そしてチェックリストを作ったりメモを活用することで、それを補えるということを学習し、どんなふうに自分の集中力を発揮していくと良いかを掴《つか》んでいけると良いですね。

しかし子どもが自分のことを「すべてがだめな子」だと考えてしまうことがないように注意しないといけません。そのために親は、子どもへの伝え方には十分気をつける必要がありますね。

脳の特性は仕事や家庭など将来にも影響する

脳の〝くせ〟は誰にでもあり、さまざまな種類があります。時には子どもにとって学校生活がとても厄介な問題になることもあります。

たとえば、聞いたことをすぐ忘れてしまう特性は、学校で先生から聞いたことをすぐ忘れてしまい、叱られる結果になります。いろいろなことを先延ばしにしてしまう特性を持つ脳だと、宿題が間に合わなかったり、学校の始まりに間に合わず遅刻をしてしまいます。物の管理が苦手だと、失くし物が多かったり、部屋の片付けが苦手になったりします。こういった不注意な傾向があまりにも強くて、うっかりミスで事故が多かったりけがをしたりと、危険が大きかったら、医療機関に相談した方が良いでしょう。

また、子どもの脳の特性は将来にわたって影響します。中学校、高校と学年が上がっていくと、要求される注意力はさらに複雑な内容になります。勉強の教科数も増えるため使う教材も増え、忘れ物がないようにするのは大変でしょう。学校のテストでうっかりミスをしやすかったりすると、自分の力が十分に発揮できないこともあります。

このような脳の〝くせ〟は大人になっても残ります。人は成長とともに、さまざまな問題に直面したり、変化に対応しないといけません。仕事に就いたり、結婚したり、子どもができたりすると、環境の変化によって求められる役目も変わってきます。しかしこのような脳の特性があると、仕事上で退屈な作業を続けられないとか、期限が守れない、上司の指示を忘れてしまう、車のカギなどをどこに置いたかわからなくなる、ということなどが起こりえます。家庭生活でも、部屋が雑然としてしまう、家族との約束を忘れる、日常生活に必要なさまざまな手続きを忘れてしまう、などの問題も起こるかもしれませんね。

親子で似る脳の〝くせ〟 両親の問題も考えて！

さて、親子は顔が似るように、脳の〝くせ〟も似るものです。忘れっぽい子どもの親が、自分自身もとても不注意だというのは、よくあることです。自分たち両親のどちらかに、成人になってからこのような問題が起こっていないか、よく考えてみてください。自分のことは意外と気づかないことも多いものです。子どものことを理解することで、自分のことがわかってくることもあります。

また、似たところがあるとなおさら、子どもの不注意なところが気になることがあるので注意しましょう。いずれにしても、脳の〝くせ〟は人それぞれです。そのことで子どもが自分の将来の可能性をあきらめたりしないようにすることが大事です。また、自分の脳の〝くせ〟に合った将来を見つけることも重要でしょう。

失敗は脳の“くせ”。
特性に合う対策を
一緒に工夫することで、
子どもも欠点を
自覚できる。
なな子の金言！

5歳の男の子の母親です。

子どものわがままがひどくなり、困っています。

ほしいものややりたいことがあると、我慢ができず、思い通りにできないと大声で騒いだり、泣きわめいたりします。

優しく言い聞かせますが、止まりません。どうしたら良いでしょうか。

お悩みケース 7

「子どものわがまま」は、よく相談を受ける問題です。

子どもは、元来「わがまま」を言うもので、ほとんどの親が程度の差はあるにしても、困ってしまう問題なのでしょう。

対処法の基本的な考え方は、

①あなたの言い分は理解した
②だけど我慢することが大事

という二つを伝えることです。

我慢できたときは思いっきり褒《ほ》めてあげて

最初に、「どうしても今そうしたいのね？」と親が子どもの気持ちを受け止めてあげて、〝わかった〟ことを伝えます。それから〝我慢〟するように伝えます。しかし、我慢できることもあれば、我慢できないこともありますよね。

もし、我慢できたら褒《ほ》めてあげてください。泣くほど頑張って我慢したなら抱きしめてあげたりしてなぐさめ、子どもがあきらめるのを手伝います。

そして、もし我慢できずに要求し続けるときは、子どもの言葉・行動を無視するようにすることです。これを根気強く繰り返すことが、一般的な方法です。ほとんどのわがままは、親に対する〝甘え〟や〝試し〟であり〝自我の芽生え〟だと考えてください。ですから、内容によっては叶《かな》えてあげても良いし、我慢は次の機会にしても良いでしょう。

子どもの主張を無視するのは難しいけれど…

しかし〝無視する〟ことは、なかなか難しいものです。子どもは親の〝困ること〟や〝してほしくないこと〟をよく知っているので、自分の要求を通そうとありとあらゆる行動をしてきます。でも、親がそれに反応して叱る（つまり、巻き込まれる）と、泥沼になってしまいます。どんなに困っても、無視することが基本的な対処の仕方です。

さて、「子どものわがまま」の問題には様々な側面があります。たとえば、

①親のこだわりや世間体の問題のために
子どもの行動がわがままに見えるのかもしれない
②親の不安や思い込みのために
子どもの行動がわがままに見えることがあるかもしれない
③子ども自身のこだわりの強さの問題かもしれない
④わがままをコントロールすることの意味は？

などの問題を考える必要があります。

子どものわがままを親の問題と考えてみると…

クリニックの外来でいろいろな相談を受けている中には、親のこだわりや不安、思い込みが強いため、子どもの行動が我慢できなくなり、子どもの要求を「わがまま」だととらえてしまっている例も少なくありません。

たとえば、子どもの年齢を考えると、そこまできちんと守るのは無理と思われるような〝時間の管理〟を要求したり、そこまで細かくは無理だろうと思われる〝おもちゃの整理〟を要求したりしています。

また、親が世間体にとらわれて、子どもの行動に厳しく、わがままだと決めつける例もあります。近所への気遣いや親戚への気配りが過ぎて〝少しの物音も許さない〟など、子どもの行動を縛りすぎている場合もあります。

ですから「子どもがわがままだ」と考えるとき、親は自分のこだわりの問題や世間体の問題が影響していないかどうかを、冷静に考えてみることも必要だと思います。

子どもの「我慢」の努力を理解してあげよう！

反対に、子ども自身のこだわりが強い場合もあります。もし子どもが元々こだわりが強い特性を持っていたとすれば、そのこだわりを我慢することは人一倍努力が必要なのだということを、親は理解した方が良いでしょう。

そして、そのこだわりからくるわがままを少しずつ小さくしていくためには時間と成長が必要になるため、親は「根気強くやらなくちゃ」と考えるべきでしょう。

さて、このような親のこだわり・子どものこだわりは、ぶつかりこじれると、体罰や虐待につながってしまうこともあります。もし親が、子どものわがままに対してイライラをコントロールできないなと感じたときは、専門家に相談した方が良いでしょう。

少しずつ大きな「我慢」ができるようになる！

「子どものわがままを親がコントロールする」ということには、どんな意味があるのでしょう。

それは、子どもに「我慢する力」をつけるということで、親の大事な役目の一つです。それは長い時間のかかる、とても根気のいる仕事です。

「我慢」は、小さいころから少しずつ少しずつ育てていくものです。子どもに無理

もう帰る時間だから わがまま言わずに 我慢しなさい！
ちがうっ その我慢じゃない

やり我慢させるのではなく、ちょっとだけ我慢させて、できたら褒《ほ》め、わがままを言い続けたときには無視する。我慢できたらまた褒《ほ》めて、を繰り返します。

最初は小さな「我慢」しかできなくても、だんだん大きな「我慢」ができるように、親が褒《ほ》めて叱って育てていくものだと考えます。子どもができる「我慢」の量は、子どもが持っている「可能性」の大きさです。親が与えることができる、一番の贈り物でしょう。

楽しみを先に延ばし我慢して努力し、大きな楽しみを得ることができるようになる。そういった「我慢」ができる子は、将来に大きな可能性を見出せることになるからです。

「我慢」する力は、親からの最大の贈り物!
なな子の金言!

中学1年生の男の子の母です。

私は、母親から口うるさくガミガミ言われながら育ちました。自分の子どもには、そんな思いをさせたくないと思い、叱らずに育てました。

本人の思いを尊重して、育ててきたつもりです。

しかし最近息子は反抗期なのか、イライラが強く、何を聞いても返事もせず、いろいろ尋ねたり、提案したりすると、イラついて物を壊したり、投げたり、私を殴ったり蹴ったり、暴力的です。

放っておいて良いものでしょうか？

お悩みケース 8

絶対にだめです。この問題は、決して放っておいてはいけません。

気合を入れて、暴力に立ち向かう覚悟が必要です。もし親だけで対処する自信がないときは、親戚や専門家に助力をお願いしてチームとして向き合うことも必要になります。そのような場合でも、親がチームの中心となって対処しなければなりません。

毅然とした態度で きちんと叱ることが大切

まず、断固として「暴力はいけないことだ！」と伝えます。どんな場合でも、**暴力をふるっていい理由はありません！**　毅然とした態度で叱らないといけません。それと同時に、暴力に至った子どもの〝恨み〟

や〝悲しみ〟に耳を傾けなければいけません。

そのように叱ったとしても、もちろん素直に「はい」と言うはずはありませんが、繰り返し「暴力はいけないことだ」と伝える努力が必要です。その場合、暴力が一層激しくなることも想定されます。でも努力を続けてください。親としては抵抗があるかもしれませんが、暴力の程度によっては、あらかじめ緊急時に避難する場所（実家や友人宅など）を考えておくことや、児童相談所や警察（生活安全課の児童担当）に相談しておくことも大切です。

暴力をふるう子どもの心で起こっているのは？

つまり親は、攻撃に屈することなく、しかし攻撃を避けながら、子どもの怒りや悲しみに耳を傾けなければなりません。

ところで、どのようなときに、子どもは母親に暴力をふるうようになってしまうのでしょうか。子どもの心の中で、どんなことが起こっているのでしょうか？

子どもは幼いころ、うまく言葉で表現できずに、かんしゃくを起こしたり、暴力をふるったりします。もちろんそういう暴力もしてはいけないと教えなければなりませんが、気持ちを言葉で表現できるようになってくると、自然に収まってくることが多いものです。

しかし、思春期になってから始まったり、はげしくなったりする暴力の背景には、様々な要因が考えられます。たとえば、学校生活の中では、友達関係のトラブル、学業の失敗、部活の問題など。家庭生活の中では、親の虐待、過干渉、両親の不和、親の離婚、経済問題など。子どもの世界も複雑です。

暴力をふるう子どもたちは、言葉や感情が未熟であるために、その怒りや悲しみを親への攻撃という形でしか表すことができないのでしょう。

怒りをぶつけることと「叱る」ことは別物！

「自分がガミガミ言われて育ったので子

母・育美は怒りを抑え
冷静に叱ろうとしている
その時
三男が恐怖で脱糞した。
ブリ

どもは叱らないで育てたい」ということですが、確かに、口うるさくガミガミ怒りをぶつけられた体験は、つらい記憶として残りますので、自分の子には味わわせたくないですよね。でも、怒りをぶつけることと、叱ることは別物です。

「叱る」という行為は、「子どもがしてはいけない行動を子どもに教える」という冷静な行為であり、子どもに対して「するべき正しいこと」を教えるための計画的な教育なのです。

〝冷静に〟叱るための工夫をしてみよう！

とはいえ〝冷静に叱る〟というのは、なかなか難しいことです。「腹が立って叱り、心配して叱るのだから、冷静になるのは無理！」「だんだんイラついてしまう」と思うお母さんは多いでしょう。

しかし、いつも感情的に叱るのでは効果がありません。

〝冷静に叱る〟には工夫が必要です。たとえば、腹が立っていてエスカレートしそうなときは叱るのを避けたほうが良いでしょう。叱る前に、どのように叱るかという「シナリオ」を考えておくと冷静さを保てるかもしれません。もしも「母親という役を演じて叱る」くらいの冷静さが持てたら、さらに上級者です。

ご相談のケースも、今からでも決して遅くありません。

本気で「ダメなことをダメだと伝える」つまり「叱る」良いチャンスです。「叱る」ことは、子どもと向き合うことでもあるのです。「暴力はいけないこと」「暴力で表現することは、子どもっぽくてかっこ悪い行為だ」と教えることができたら良いですね。

問題を長期化させると解決がより難しくなる

中学1年生の男の子ですから、身体ももう大きいかもしれません。しかし、体は大きくても、まだまだ幼さが残る年齢です。生まれて、まだわずか12~13年しか経っていません。よく見ると、まだ赤ちゃんの時の面影が残っています。最近暴力的になったということですから、まだ関係はそうこじれていないと思います。「じっくり話を聞こう」という態度をとり続けることで、暴力ではなく会話ができるようになるかもしれません。

こういった暴力の問題は、長期化すると対応が難しくなります。長期化しているということは、それだけ親が暴力に耐えているということです。耐えているということは、親自身がその問題から目を背けていることにほかなりません。

そのような親の態度に対して、子どもの怒りはますます増して、問題が一層深刻化することになるでしょう。長期化した場合は親だけでの対応では難しいため、専門家（児童相談所や精神科、地域の相談所）に相談するほうが良いでしょう。

いずれにせよ、暴力の問題は、放っておかずに早めに対応しなければなりません。子どもと向き合って暴力を止めてあげるのが親の義務だと思います。

暴力はいけないことだと
根気よく伝える努力を!
なな子の金言!

2章

娘がすぐに泣くのですが

うちの子、もともと困った性格なの？という相談

娘が自分の髪の毛を抜きます

息子が朝、起きられなくなりました

娘がすぐ泣きます

文を読むのが苦手な娘をどうしたら?

習い事が多い息子が頭痛を訴えています

6歳の女の子の母親です。
娘が最近、頭の毛を抜きます。
本人は無意識に抜いているようです。止《や》めるように言っても、止《や》めるのが難しいらしく、一部分髪の毛がありません。あまりうるさく言わないほうが良いとは思いますが、ただ見ているのはつらいです。

お悩みケース 9

「無意識に自分の髪の毛や、まつ毛・眉毛や手足の毛など、体毛を自分で抜いてしまう」「気づくとたくさんの毛が足元に落ちている」「止《や》めたいけど毛を抜くのを止《や》められない」こういった状態を抜毛《ばつもう》症と言います。幼稚園生くらいに抜き始めることが多いようです。

成長とともに抜かなくなることも多いですが、成人しても続く人もいます。人によっては、頭のほとんどの毛を抜いてしまうことや、うつ状態や不安を伴うこともあります。

親としてどう対処したら良いか考えてみましょう。

本人に自覚がない場合が多くきっかけは様々

「なぜ自分の毛を抜いてしまうんだろう?」と不思議に思いますが、ほとんどの場合、子ども自身もなぜかわからず、自覚なく抜いています。本人も止《や》めたいのに止《や》めることができないと言います。

原因やきっかけは様々で、〝ちょっと退屈して抜き始めた〟〝かゆくなって掻《か》いているうちに抜き始めた〟という些細《ささい》なものから、〝家族からの暴力〟や〝家族から見捨てられたと感じた〟〝弟が生まれた〟といった家族間のストレスや、〝学校がつらい〟〝友達ができない〟などの学校関係と思われるものまで多彩です。

いずれの場合も、ゆっくり時間をかけて聞き出してやっと原因がわかることが多く、本人は自分の心の中に怒りやさみしさ、うまくいかないいらだちなどを抱えていても、言葉で表現できないことがほとんどです。

イライラ感を表現できないのが問題と考える

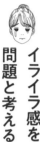

言葉で表現できないため、無意識に自分の身体を攻撃してしまいます。自分の中にあるもやもやした気持ちや、イライラ感をうまく言葉にすることができないことが問題だと考えましょう。

ですから「抜くのを止《や》めなさい！」「なぜ、そんなことをするの!!」と責めても、本人にもなぜかはわからず、止《や》めることができません。

叱っても効果はありません。むしろ悪化する場合が多いようです。子どもに対する否定的な気持ち・非難する気持ちを無くしましょう。

子どもの様子を観察し 様々な側面を見ること

原因を究明することに意味はありません。「何が気に入らないの!?」と聞いたり、「何か困っているか？」と聞いても、ほとんどの場合「何も困っていない」「ストレスはない」と答えます。言葉にすることができていたら症状にはなりません。

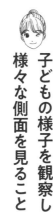

「何かうまくいかないことや、どうして良いかわからないもやもやを言葉にすることができないのだろうな」ととらえてあげることが大事でしょう。

診療の場面では、幼児期や小学低学年の子には、遊戯療法や箱庭療法など、言葉を使わずに気持ちを表すことができるようにサポートする治療を併用します。

親も子どもと一緒に遊んだり作業したりして、子どもの様子を観察してみましょう。

そして子どもが今どんなことに興味を持っているのか、何が好きで何を嫌っているのか、どんな行動をとっているのかを見てあげましょう。子どもに「あなたのことを理解しようと思っている」「興味を持っている」ということを伝えましょう。

子どもの特性を理解し本人に安心感を与える

抜毛《ばつもう》症の子や皮膚をむしったり爪かみをしている子には、内向的な子や神経質な子、コミュニケーションを苦手に感じている子

が多いようです。その子の特性を理解してあげることも大事です。

また、〝友達とうまくいかない〟〝孤立してしまう〟〝つい人に手を出してしまう〟など、行動面で困っていることもあります。

親は、「抜毛《ばつもう》を止《や》めさせよう」と考えるのではなく、「この子の特性はどうだろう？」「愛情を伝えられているだろうか？」とか、「今、この子のちょっとしたつまずきに気づいてあげよう」と考えた方が本人の安心感につながり、コミュニケーション能力・社会性など、さまざまな面で将来の役に立つと思いますよ。

心の成長を助けるよう働きかけるのが理想的

子どものほうから「自分でも止《や》めたいがどうしたら良いか？」「止《や》める方法はないのか？」などと聞いてくることがあります。そういう場合には、抜きたくなったときに〝代わりにする行動〟を一緒に考えてあげましょう。

たとえば「両手を組む」など。またテレビを見ながら抜くときは、「利き手に何か持つ。たとえばボール・クッション」など、勉強中に抜く子は「鉛筆と反対の手に消しゴムを持つ」など、寝ているときに抜く子は「頭に鉢巻き」など。

本人が有効だと思えることが良いでしょう。

成人になっても抜毛《ばつもう》に悩んでいる人と面接をすると、自己肯定感の低さや対人関係の困難さ、本人の生きづらさに気づきます。子どもの抜毛《ばつもう》は、年齢が上がったから収まったのではなく、本人の精神的な成長で抜かなくなったのだろうなと推測します。

親としては、子どもの心の成長を助けるよう働きかけましょう。少なくとも妨げないようにしたいですね。

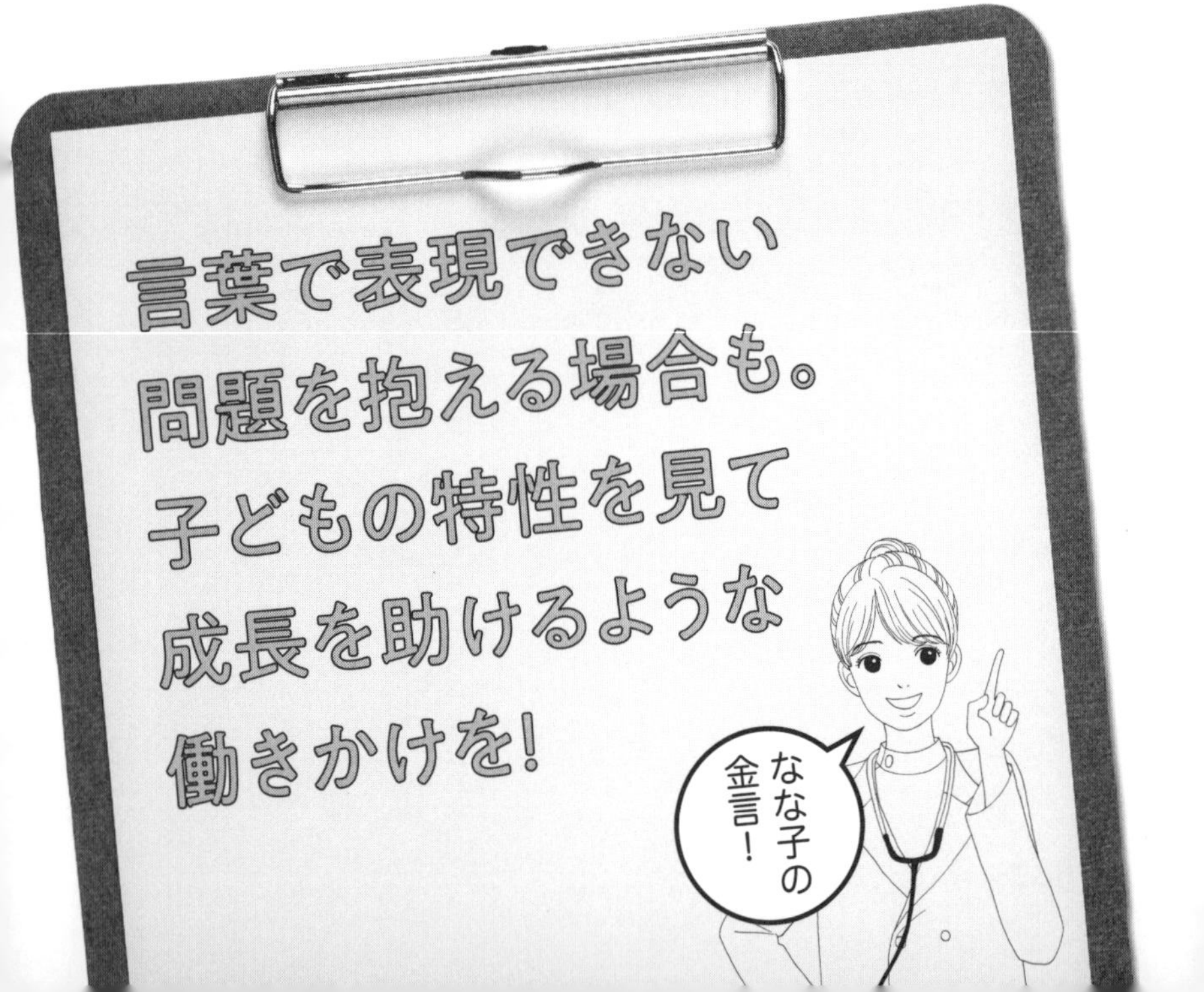
言葉で表現できない
問題を抱える場合も。
子どもの特性を見て
成長を助けるような
働きかけを!
なな子の金言!

お悩みケース 10

11歳の男の子の母親です。

この半年くらい、朝起きができなくなりました。

どんなに起こしても眠りが深いのか起きません。

学校も遅刻する日が多くなっています。

本人は「起きたいけれど、身体が動かない」と言います。このまま不登校になることが心配です。


「早く起きなさい!!」「いそがないと学校遅刻するわよ!!」と、朝からの親子のやりとりはどこの家でも見られる光景ですね。程度の差はあれ、だれでも朝起きはつらいものです。

しかしご相談の場合のように、どんなに起こしても起きない場合は、子どもさんの睡眠に問題がある可能性があります。慢性の睡眠不足状態になっていることがあり、対策を考えないといけませんね。

まず親が早寝早起きの必要性を理解すること

この問題は、「朝起きの問題」というより、「子どもの眠りの問題」だととらえて、親子で解決していく必要がありそうです。

「早寝早起きが大事」だということはわかっていることだと思いますが、子どもに「なぜ早寝早起きが大事なの？」と尋ねられて、きちんと答えられる親は少ないと思います。親自身が、子どもの睡眠がどれほど重要かを理解していないことが多いからです。

まず、子どもの睡眠不足が慢性化すると身体や精神にどんな悪影響が出るのでしょうか。

子どもの睡眠不足の悪影響

★自律神経の調整が悪くなり、頭痛や低血圧、めまいなどの症状が出やすくなります
★成長ホルモンの分泌が悪くなって、背が伸びにくくなります
★脳の機能に影響し、注意力、集中力、記憶力が落ちます
★昼間眠気が強くなり、イライラしやすくなります
★倦怠感が強くなり、やる気、気力、自発性も落ちます

このように、睡眠は脳の働きや、身体の調整に大きく影響します。

睡眠時間をきちんと確保して、早く寝ることが大事だと、親も子も認識しましょう。夜、少し遅くまで勉強したとしても、睡眠不足で昼間の脳の機能が落ち、集中力や記憶力に影響が出ては効果がありません。また、やる気や気力が落ちてしまっては大変ですね。早く寝るほうが

ずっと効率が良いと言えます。

睡眠と覚醒のリズムが徐々に崩れたのでは？

次に重要なことは、睡眠と覚醒はリズムだということです。

たとえば、起きる時間が2時間遅くなると、眠くなる時間は2時間遅くなります。朝起きる時間でその日一日の生活リズムが決まります。朝の光を浴びることで脳をリセットさせ、朝食を食べることで身体をリセットします。そして夜にメラトニンを分泌させて睡眠に導きます。

ですから子どもさんが朝起きなくなったのは、突然そうなったのではなく、徐々に生活リズムがずれていった結果でしょう。

「寝なさい」
「起きなさい」
母に言われるのうるさかったけど
娘に言いながらまぁこれは親の大事な役目か、と思う（口には出さんが）

少しずつ睡眠時間が足りなくなって、慢性の睡眠不足になり、朝起きができなくなったと考えられます。

部活や習い事、塾などで寝る時間がだんだん遅くなっていませんか？　寝る前にゲームをしたり、スマホの画面を見たり、明るい部屋での夜更かしをしていませんか？　夜のコンビニなどに行っていませんか？　光の刺激で夜のメラトニンの分泌を抑えてしまい、眠れなくなります。また、夜遅い運動は、体温を上昇させてしまい、寝る準備を妨げます。

睡眠リズムの修正には親子で取り組む姿勢を

大きくずれてしまった睡眠覚醒リズムを元に戻すことは簡単ではありません。早く寝ることがどれほど大事なことなのかを親子でよく理解して、納得して一緒に取り組む必要がありますね。

「早く寝なさい!!」と叱っても、子どもが早く眠れるようになるわけではありません。「あなたの健康のために良い睡眠が必要なのだから、早く寝ましょう」と説得しましょう。

子どもが眠れるような環境作りは親の役目

そして眠れるような環境作りをすることが親の役目です。帰りが遅くなる塾や習い事は、早く帰れるように工夫しましょう。辞《や》めたほうが良い場合もあります。夜遅い運動も避けましょう。時間になったら、部屋を暗くする、ゲーム・スマホの画面を見ない　などのルールを作りましょう。親が本気になると、子どもは納得するものです。

学校での心配事や不安が影響していることも

もしそれでも子どもが早寝早起きに抵抗するようであれば、別の理由があるのかもしれません。眠れないような不安感や起きたくない気持ちが潜んでいるのかもしれませんね。そのような場合には子どもに、眠れないような心配事や、緊張する理由などがないか、尋ねてみましょう。学校へ行きたくない理由や、教室で何か嫌なこと、困ったことがないか聞いてみましょう。教室に入れなくて、無意識に起きたくない気持ちになっている自分に子ども自身が気づくかもしれません。

いずれにしても、子どもにとって、睡眠はとても重要なものなので、「何より優先しよう」という考え方が大事です。それに大人だって、美容と健康のために睡眠は重要。母親もできるだけ早寝早起きを!!

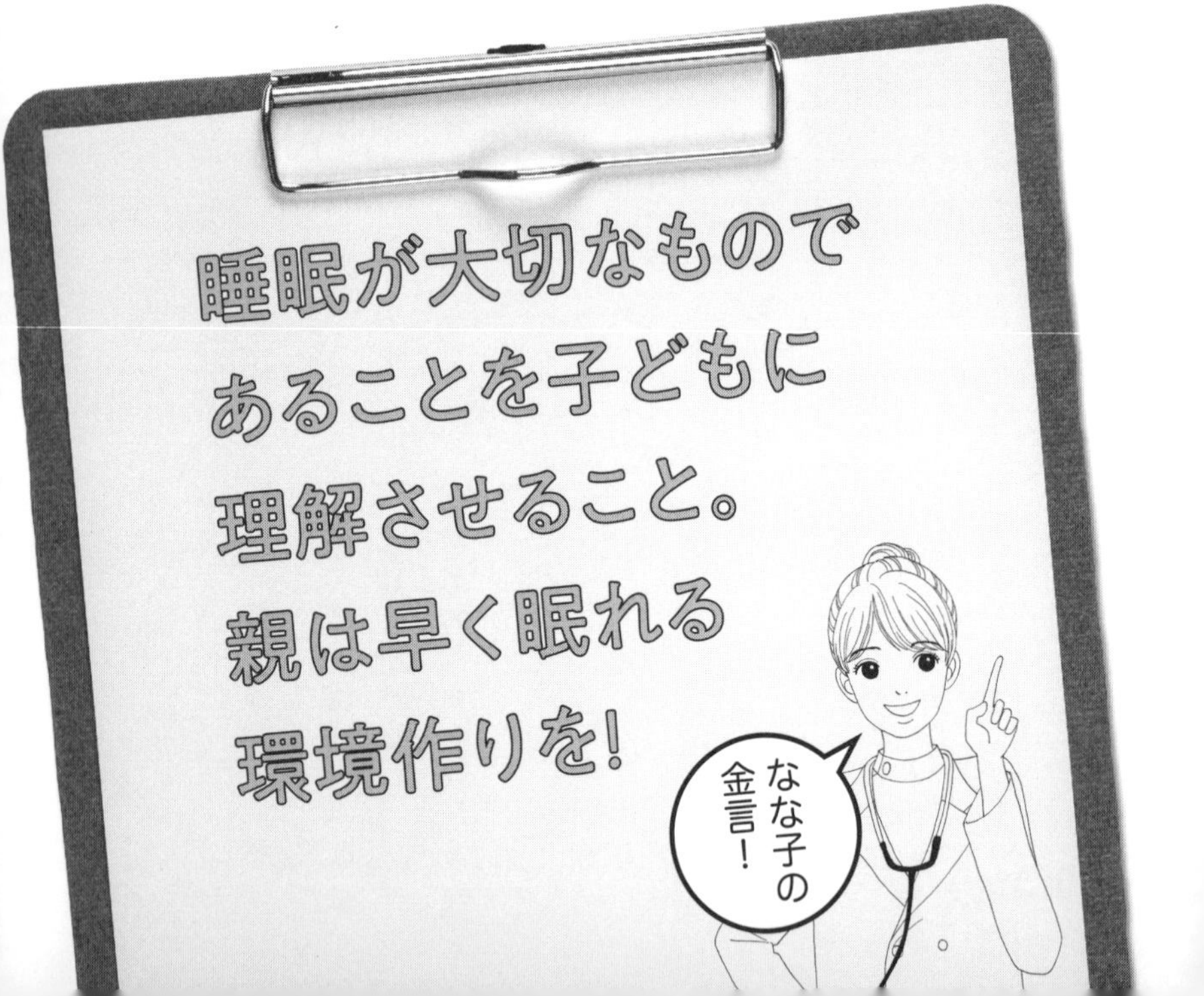
睡眠が大切なものであることを子どもに理解させること。親は早く眠れる環境作りを!
なな子の金言!

小学2年生の女の子の母親です。
子どもがすぐ泣くので心配しています。
叱っているのではないのに泣き出したり、ちょっとした注意やアドバイスをしても泣いてしまいます。学校でも泣き虫と言われるそうです。たくましい子になってほしいと思っているのですが。

お悩みケース 11

子どもは、幼児のころまでは、泣いて親とのコミュニケーションをとります。「おなかが減った」「おむつが気持ち悪い」「体調が悪いこと」や「暑さ・寒さの不快感」など、何でも泣くことで気持ちを伝え、要求を通したり、泣いて悔しさを紛らわせたりします。

成長するにつれて、少しずつ言葉を覚え、言葉を使っていろいろなことを伝えるようになります。

ご相談の子どもさんは小学2年生で、すぐ泣いてしまうということですから、今はまだ自分の感情をうまく言葉にできないのだなと受け取ってあげましょう。

言葉で気持ちを伝えるように
親が手助けする

子どもにとって言葉にすることが難しい感情があります。

「負けて悔しい」「うまくできないのでもどかしい」「自分の気持ちがわかってもらえない」「がんばれない」「むなしい」「さみしい」などの気持ちや感情は表現が難しいと思います。大人でも表現することが難しく、もやもやした気持ちになることもあります。

子どもは、そのような表現の難しい感情を、泣くことやかんしゃくで伝えてしまうことがあります。もしくは、泣くことで容易に要求が通ることを学習してしまって、知らず知らずにその方法を使ってしまっているのかもしれません。

いずれにしても、泣いて気持ちを伝えるのではなく、言葉で伝えていけるように親が手助けするのは大事なことです。子ども本人にとっても、言葉で伝える力をつけることは、学校などでの友達関係にもぜひ必要なことだからです。

泣いている原因を推測し
その言葉を教える

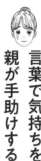

まず子どもが泣いたときに、大人が動揺したり機嫌を取ろうとしたり叱ったりすることは、問題解決にはつながりません。自分の気持ちを、泣くことではなく言葉で表現できるように、その気持ちを表現する言葉を子どもに教えてあげないといけませんね。

たとえば子どもは、「うまくできないとき」「思ったように人が動いてくれないとき」「いやだなと思うことをしなくてはならないとき」「順番を待たなくてはならないとき」などにも泣きます。おそらく、悔しかったり悲しかったりさみしかったり、イライラするなどの感情をコントロールできなくて泣くのでしょう。

どんな気持ちで泣いてしまうのか、親が

夜泣いてると蛇が来るよ
ちゅるるるー
って涙をすするんだ
うえぇーしょっぺー
ちゅるるるー
と親類の子をおどすのはやめましょう
意外と怖くて覚えてるし
正しくは「夜口笛を吹くと…」だし

それを表現する言葉を推測して教えてあげると良いでしょう。

自分の弱さを恐れずに知ることでたくましく

さて、ご相談のお母さんは、子どもさんにたくましい子になってほしいと願っておられます。

「心のたくましさ」とは、どんなことでしょう。

「心のたくましさ」についてはいろいろな側面があり、さまざまな考え方があるとは思います。

その一つのとらえかたとして、物事がうまくいかないときや人から厳しいことを言われたときなどにどのような心で対処できるかが、たくましさの一つの指標だと思います。

たとえば自分の弱い部分を指摘されたときに「たしかにそうだ、変えていこう」と考えるか、「意地悪を言われた」と考えて腹を立てたり悲しんだりしてしまうかで、その後の結果がずいぶん変わってきます。

「自分の弱さを知る」ことを怖がらずに受け入れる心が大事だと思います。同時に自分の強みも知ることで、等身大の自己評価ができるようになり、たくましさにつながるのでしょうね。

挑戦した結果の失敗は叱らず努力を認める

そのような子どもに育てるためには、まず失敗しても叱られない環境が必要になります。間違ったり失敗したりしてもむやみに親が叱らないことが、子どもを挑戦者に育てることになります。

もちろん子どもが悪いことをしたときに親が叱ることは大事です。しかし物事に挑戦して失敗したときに、反対にちゃんとできている部分を教えてあげることや、失敗はしたけれど努力した部分を認めてあげることも、親の大事な役目だと思います。

辛いことや嫌な時間を未来を描いて耐える力

もう一つの心のたくましさの側面として、「柔軟性」ということがあります。物事をいろんな角度から見られることは心のゆとりにつながります。また物事の結果をすぐに求めるのではなく、先延ばしにできる余裕も、「柔軟性」を必要とするもので、心のたくましさにつながると思います。

たとえば子どもが何かに取り組むとき、結果が出るまでにはどうしても時間がかかってしまいます。その結果が出るまでの間には、自分が嫌な体験をしたり馬鹿にされたと感じることもあると思います。その間の期間を辛抱して待つことができるゆとり、成功する自分をイメージできる心の柔らかさは、「心のたくましさ」の一つの側面でしょう。

親にも、子どもの成長を辛抱強く待つことや、子どもをいろんな角度から見る力が要求されますね。

感情を言葉にする
手助けを。そして
挑戦し続けられる、
柔軟性のある
強さを育もう。
なな子の金言！

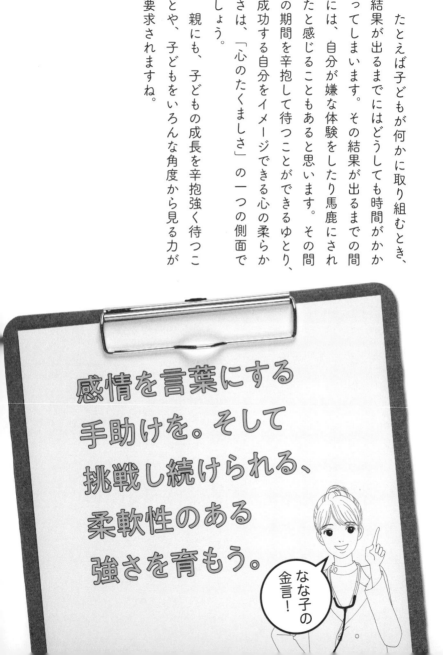

お悩みケース 12

小学3年の女の子の母親です。娘は文を読むのが苦手です。国語の本を読むときは、たどたどしく、よくつかえて読んだり読み間違えもします。声を出して読んだ後、何が書いてあったか聞いても、ほとんど理解していないし、内容を覚えていません。勉強全般は普通です。どんな工夫がありますか？

人は誰でもそうですが、得意なことと苦手なことがあります。子どもは学校に行き始めると、勉強や集団活動などを通して様々な能力を使い始めます。そこで初めて自分の得意なことを見つけたり、好きな活動に気づいたりします。計算が得意だったり体育が好きだったり十人十色です。

一方で、授業で学習が始まると、勉強で苦手なことがあるということに気づくようになる場合もあります。

読み書きが苦手だったり、計算や数字が苦手だったり、図形がさっぱりつかめなかったり色々です。地名などを覚えることができなかったり、地図が読めなかったり、音楽がだめ、体育が苦手など、多かれ少なかれ誰しも苦手はあり、その程度も様々です。

中でも読み書きに関しては、どうしても勉強の基本になるため、親としても心配ですよね。

読み書き障害について考えてみましょう。

何が苦手で文をうまく読めないのか把握する

ご相談の子どもさんは文を読むことが苦手の様子です。

文を読むためにはいろんな能力を使います。その中でどんなことが苦手なのかを把握することが大事です。

たとえばよくあるパターンとしては、

①ひらがなの〝わ〟と〝れ〟や、〝め〟と〝ぬ〟のように似たような字を正確に区別することが苦手
②小さな〝っ〟や〝ょ〟などの理解が悪く、〝しょうがつこう〟と一文字ずつ読む
③単語を「一つのまとまりのある一つの言葉」として認めることができず、一文字ずつ読んでしまうため、たどたどしくなる
④読んでいるところから目が離れてしまい、行を飛ばしたり、ずらしてしまう

⑤読むことにエネルギーをさいてしまって、内容を理解するところまで余裕がない
⑥カタカナが読めない

などの特徴がみられます。

画像認識・単語理解…原因に合わせた対処を

そのパターンに合わせて対処法も変わります。

たとえば、〝わ〟〝ね〟など文字の認識が悪い場合は、子どもさんの画像認識の苦手さが考えられます。形の細かい部分の違いの認識が苦手な場合や、よく見るとわかるが、ぱっと見てとらえることが苦手だったりします。カタカナが苦手な子も形の認識が苦手なことが多いようです。大きな文字で書いてある文を、ゆっくり読むことから始めましょう。

文を一文字ずつ読んでしまう子どもさんは、文字と意味のつながりや、単語としてのかたまりの理解がまだ不十分なことが考えられます。絵本など単語と絵につながりのある本を使って、文字を見せながら読み聞かせをしましょう。

文を飛ばし読みしたり行をずらして読んでしまう子どもさんは、集中力が続かないことが理由かもしれません。読んでいる箇所から目が動いてしまい、どこを読んでいるかわからなくな

ります。集中力は個人差が大きい力の一つです。その行に集中できるように、その他の部分を隠すと読みやすくなります。

このように文を読むことが苦手なことの原因にはさまざまな要素があるため、それに合わせた教え方が必要になります。どんなことが苦手なのかに合わせて、根気強く教えてあげることが大事でしょう。

同時に子どもさんの不注意さや、落ち着きのなさ、言葉の遅れなどの発達の特性にも目を向ける必要があるかもしれません。

子どもの苦手ばかりに気を取られないこと！

さて、診察室にも子どもの苦手さに気づいた親御さんが相談に来られることがあり

苦手といえば 鉄棒だったという人は
多いでしょう
私が世の中で最も
嫌いな言葉の一つが
逆上がり
手に豆ができても
できなかった
バカがっ
逆上がりめがっ
すみません 話がズレました

ます。そのようなときには必ず「子どもさんの得意なことは何ですか？」と尋ねることにしています。

親は子どもの苦手なことに気づくと同時に、得意なことを見つけることが重要です。勉強の面だけでなく、学校以外の場面などもっと広い範囲で子どもの能力を見つけてあげないといけません。

どうしても親はできていないことが心配になるので、苦手なことに目が向きがちですが、同時に得意なことを伸ばす視点がないと、子どもを追い詰めることになってしまいますよ。

勉強を身近にするには得意を伸ばす方が良い

人が苦手を克服するためのエネルギーは、得意なことを伸ばすエネルギーの何倍もかかります。

同じ時間をかけるとしたら、得意を伸ばすほうがずっと効率が良いので、勉強に関しても苦手の克服より得意を伸ばすことを優先させることをお勧めします。

苦手なことはなかなか上達しないので、本人も家族も達成感が得られません。得意なことを伸ばして「自分はできる」という自信をつけることを中心にした方が、ずっと勉強が身近になるでしょう。

反対に苦手なことは「あせらず、こつこつ、じっくりさせる」と考えましょう。苦手なことは嫌いになりやすく、あせるとさらに苦手になり困難さが増します。苦手克服は、やるとしてもゆっくり、そして一回に使う時間はできるだけ短時間で切り上げる方が良いでしょうね。

苦手の原因を探し、
応じた対処を!
得意に注目して、
それを伸ばす方が
効率的なことも。
なな子の金言!

小学4年生の男の子の母です。
勉強以外に、打ちこめるものが見つかれば良いと思って習い事をさせています。初めは水泳と英語でしたが、本人の希望でダンスと塾も始めたため、毎日予定が詰まってしまいました。
最近、頭が痛いと訴えることが増えてきました。きついなら辞《や》めても良いと言いましたが、本人は続けたいと言います。頭痛は習い事が多いせいでしょうか。辞《や》めさせたほうが良いでしょうか。

お悩みケース 13

子どもは、心と体がうまく分離していません。

「つらいなあ」とか「いやだなあ」と思ったときに体の症状になって現れてくることがよくあります。学校に行くのがつらいと感じているときに「おなかが痛い」とか「頭が痛い」という症状になるのは、このためです。腹が立ったり、悲しかったりするときも、吐き気がしたり胸が痛くなったりするなど、気持ちの症状が身体症状となって出てきます。

体に症状が出るのは ストレスがある証拠！

子どもさんは「頭が痛いと訴える」とのことですから、習い事も含めて、子どもさんの生活全般で何かストレスになるものがないか、確認してあげるほうが良いでしょう。「毎日、放課後に習い事」は、やはりストレスだと思います。

さて、「子どもに習い事をさせる」目的は何でしょう。何らかの分野でその子の才能を見つけ出したい、自分の好きなものを見つけさせたい、何か一つでも自信を持たせたい、などが主な理由ではないでしょうか。

学校生活だけでは自分を発揮できなくても、習い事に楽しみを見出すことができれば子どもも生き生きとするでしょうし、生涯を通じた趣味になるかもしれません。

習い事が原因でトラブルになることも…

ところが実際は、習い事がトラブルの元になってしまう例が数多くあります。習い事に行くための時間に追われて「早くしなさい！」と親子げんかの種になったり、習い事の中の人間関係が子どもの気持ちの負担になったり、あまりにも熱心になりすぎて身体をこわしたりと、意外と親も子どももストレスになります。特に子どもにとっての習い事は、誰かに指導されることであり決まりに従うことです。どんなに楽しそうにしていても、習い事は子供の自由時間を削り、ゆとりをなくす結果になってしまいます。

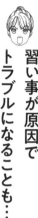

子どもの才能を見出すことは簡単ではない！

もう一つには、そうそう簡単に才能は見出せないという現実があります。花形選手や優れた演奏家は、ほんの一握り。ほとんどの子どもが、最初のうちは面白がって積極的ですが、思ったように伸びなかったり、自分より上手な子と出会い、自分と比べてがっかりしたりと、習い事に行くのがおっくうになっていきます。

子どもは、がっかりしたときに挫折を感じ「もう辞《や》めたい」と思います。そんなとき、親はどうしたら良いか悩みますよね。

理想を言えば「人と比べるのではなく自分なりの目標を見つけることを学びましょ

う」とか「がんばることに楽しみを見つけられるように教えましょう」となるのでしょうが、「他人と比較しないこと」なんて、そう簡単にできることではありません。それは子どもにとっても大人にとっても、難しいことです。

親でも、つい子ども同士を比べてしまうのに…

人は、いろんな経験を積んで、少しずつ自分なりの目標を見つけることを学んでいきます。

それは一朝一夕にできることではありません。

たとえば親自身も、自分の子どもを他の子どもと比べてしまうことがありますよね。「ああ、いけない」と思いながらもつい比べてしまうものです。自分でもできないことを、子どもに要求できませんよね。

子どもが辞《や》めたくなる気持ちもわかってあげましょう。

習い事で身につくかもしれない意外なスキル

子どもに習い事や部活をさせ始めたら、親は続けてほしいと思うものです。「習い事を途中で辞《や》めたら、なんでも途中で投げ出す子になるのでは？」とか、反対に「一つの習い事を続けることで辛抱強くなるのでは？」と親は考えますが、あまり根拠のないことだと思いますよ。

むしろ習い事や部活は、自分に見切りをつける潮時、つまり〝辞《や》めどき〟を学ぶための良い機会かもしれません。社会人になって、物事に突き進むだけでなく引くことも大切だと知っていることは重要でしょう。自分の力には限度があり、「がんばっても、何ともならないこともある」ということを学ぶこともできるでしょう。

習い事の中で、敗北感や挫折感、あきらめることを体験することで、等身大の自分を自覚することができ、そんな自分を認めることができたら、大きな成長でしょう。それは「将来役に立つ力」かもしれません。そういう力こそが、本当のたくましさであり、習い事や部活には、そのたくましさを養うことを期待したいな、と私は思います。

子どもは無意識に親の望む行動を取ることが

ところで、子どもさんが「きついなら辞《や》めても良いと言ったのに、習い事を続けたいと言う」とのことでしたが、子どもは「親の顔色をうかがうものだ」ということを知っておかないといけません。

子どもは、無意識に親の気持ちに従おうとします。親の期待に沿った行動をしようと努力します。たとえば、子どもに「習い事辞《や》める？　続ける？」と聞くと、子どもは必ず親の顔色を見ます。親がどうしてほしいか、その意思に沿うような答えを言おうとします。これはほとんど無意識にすることなので、子ども本人も自分でそう信じており、自分の意思に反していることに気づきません。

こんなときは、身体に現れてきた症状が子供の正直な気持ちを示すものです。身体の症状には十分注意してあげることが大事でしょう。

子どもの
体調に気を配り、
正直な気持ちを
見落とさないで！
なな子の金言！

精神科医母さんのひとりごと①

子どもが小6中3高2の夏の終わり、涼を求めて渓谷に遊びに行った。水辺なので、濡れるかもしれないと思い、小学生の三男のぶんだけ着替えを用意した。しかし、その着替えは無駄になった。水に落ちて着替えが必要になったのは中学生の次男だった。サイズが合わない。あーそうだった。小さいころから、遠足に行って池に落ち、幼稚園の予備の着替えを着て帰る子は、2番目だった。川に落ちるのは年齢が小さいからではなく、川に落ちる子が落ちるんだった。でも、川に落ちる回数で言えば、私も負けない。おそらく、次男と同じくらいだっただろう。

長男は、忘れ物が多いことでは兄弟一だった。小学校の間は、学校に持っていったものを、全部持って帰ってくることがなかったくらいだ。今日は完璧に持って帰ったねと思った日でも、鉛筆が1本足りなかったりした。消しゴムは姿を消す確率がとても高かった。でも、これも私によく似ている。小学校のころの私は、ランドセルを背負うのを忘れて学校に行こうとしたり、上靴のまま帰ってきたりした。うっかりではだれにも負けていなかった。

先日、三男がレポートを書いていたが、その日が提出期限らしい。ぎりぎりまで先延ばしにするのは我が家の伝統で、3人ともギリギリだ。私にいたっては、2学期に入ってから夏休みの宿題をしていた。

本当に脳の〝くせ〟は、あなどりがたい！

3章

お友達にウザいと言われ、学校に行けなくなりました

子どもの対人関係を心配する相談

お友達にウザいと言われ、学校に行けなくなりました

友達同士のトラブルで、元気をなくしています

息子が、幼稚園で他の子とうまく遊べません

保育園で乱暴な態度をし、叱っても聞かなくて…

娘が恥ずかしがりやです

中学に入り、娘が突然不登校になりました

小学校6年生の女の子の母です。

娘は、素直で優しい子です。でも5年生の時、お友達から「ウザい」と言われ、ショックで数日間学校に行けなかったことがありました。6年生になってクラスが変わっても周囲のお友達から同じように「ウザい」と言われてしまい、学校に行くのがつらそうでした。私から先生に伝えて、お友達と話し合いの機会を作ってもらいました。お友達は謝ってくれましたが、娘は学校に行けなくなりました。どんな言葉をかけてあげたら良いでしょう？

お悩みケース 14

可愛い娘が友達からいやなことを言われたら、母親としてはむちゃくちゃ腹が立ちますよね。当然だと思います。娘がかわいそうで、どうにかして娘の気持ちを癒してあげようと考えます。相手の子どもに謝ってほしいと思いますよね。**でも本当に大切なことは、娘さんが今の気持ちを「乗り越える力」を引き出すことだと思います。**

「子離れ」の問題と考えるとうまくいく！

そう考えると、これは「子離れ」「親離れ」の問題と考えると良いでしょう。

「えっ？　いじめの問題、不登校の問題では？」と思われるかもしれません。もちろん、「いじめ・不登校の問題」でもあります。でも、「子離れ」の問題と考えたほうが、より良い結果になると思いますよ。

どんな時に「ウザい」と感じるか考えてみよう

まず、娘さんが言われた言葉から考えてみましょう。

私達はどんなときに「ウザい」と感じるでしょうか。たとえば、夫がしつこく何か尋ねるときについ「ウザい」と思うことがありませんか？　また、あまりよく知らない人が妙になれなれしいと「ウザったい」と感じることもあるでしょう。他にも、「口うるさい人はウザい」「わがままばかり言う人もウザい」などなど。最近はいろいろな場面で耳にします。

6年生のことですから、違いもあるかもしれませんが、「ウザい」「ウザったい」は、一般に人との距離感が近すぎると感じたときに使うようです。

友達同士でも適度な距離感が要求される

複数の友達から「ウザい」と言われてしまった娘さんは、もしかしたら友達と上手に距離をとることが苦手なのかもしれません。たとえば、一人で行動するのが苦手だったり、一人の友達を独占する傾向があったりしませんか？　または、自分の要求が通らないと不機嫌になったりしませんか？

思春期にさしかかってくると、友達間でも適度な距離が要求されるようになります。適度な距離があって初めて、お互いの気持ちを尊重したり、上手に自分の気持ちを伝えたりすることができるようになるのです。

娘さんはきっと人との距離をうまくつかめないのでしょう。

〝親との距離〟をベースに子どもは学習する

子どもは〝人との適度な距離〟というものを、親との距離から学んでいく

親が出しゃばらない方がいいなら
母としちゃそういう気にもなりますが
高校生の姉ちゅーことで私がヤキ入れてやるあああ!!
ママやめて!! 40歳以下には見えんし不良スタイル古すぎるし
ムリですからね それは

ものです。そう考えていくと、もしかしたら娘さんとお母さんとの〝親子の距離〟が近すぎるのかもしれません。

「どうやって距離をとれば良いの？」「〝子離れ〟ってどうしたら良いかわからない」「干渉しすぎって言われるけど、しつけは必要だし…」というお母さんたちの悩みをよく聞きます。確かに〝距離をとる〟というのは、漠然としていて難しいことかもしれません。

「子離れ」の基本は〝親子でも、考え方が違っていること〟にお互いが〝気づく〟ことです。親の気持ちと、子どもの気持ちに〝違い〟や〝ずれ〟があることを意識することから始めます。お互いが別の気持ちを持つ独立した〝人〟であることを意識し、距離をとることが「子離れ」です。

子どもが感じていることを聞いてあげて！

では、今回の場合どう考え、どうしたら良いでしょう。

「どんな言葉をかけてあげたら良いでしょう？」というご相談でした。でもここは、〝言葉をかけること〟ではなく、〝聞いてあげること〟が重要です。

娘さんに「今、どんなことを考えているのか？」「今どう感じているのか？」などについて、聞いてあげると良いでしょう。

お母さんとしては、「娘がかわいそうで腹が立ち、お友達に謝らせたい」「娘の気持ちがおさまるようにしたい」と思われたのでしょう？　母親はどうしても「子どもの気持ちはなんでもわかっている」と思い込みがちです。でも娘さんは、本当はどう感じ、どうしたいと思ったのでしょうか。

子どもの考えを受け止め成長のチャンスに♪

たとえば、「私が悪かったのかも…」と自分を責めていることもあります。そんなときは「あなたは悪くない」などと自分の意見を言わずに聞いてあげてください。娘さんが自分のことを考えて成長できるチャンスです。

もしかしたら「お母さんに言わなきゃよかった」「お母さんウザい」「自分で解決したかった」などと考えているかもしれませんよね…（実は、よくあることです）。ちょっとショックを受けますが、じっくり聞いてあげることが大切です。そして娘さんの考えを「そんな風に考えることができるようになったのね」と尊重してあげることが重要なのです。

耳を傾けることで、親子といえども考えや気持ちに〝ずれ〟があることに気づくでしょう。

その気づきが〝相手の考えを尊重すること〟になり〝友達との距離をとる〟ことにつながります。また、自分の考えが尊重されることで、子どもにとっては〝自分で考える力〟を身につけることができるようになるのです。

今回のことが、娘さんの成長に結びつくと良いですね。

親子であっても、
それぞれ違う気持ちの
“人”なのです!
なな子の金言!

11歳の女の子の母親です。娘が、学校の友達関係に悩んでいるようです。娘には仲良し友達のグループがあり、楽しそうに遊んでいましたが、最近友達間でトラブルがあった様子です。内容については、詳しく話してくれません。いつもはとても元気な娘が、最近元気がないので心配です。こんな時、親はどうしたら良いでしょう。

お悩みケース 15

小学校の高学年になると、男の子も女の子も人間関係が複雑になってきます。今まで〝席が近い〟とか〝家が近い〟とかの理由で仲良くしていた友達関係が、〝優しい子だ〟とか〝話が合う〟などの感情的な理由で仲良くなったり、〝習い事が一緒〟とか〝同じアニメが好き〟など、ともに活動できる相手と親密になったりし始めます。

また、仲良しでグループを作り、そのグループ内でリーダー的な子ができたり、グループ同士で意見を言い合ったりと、コミュニケーションの形も様々になってきます。

コミュニケーションの未熟さからトラブルに

友達関係が広がり深まることは、子ども

にとっては大事なことで、親としては見守ってやりたいところですが、まだまだコミュニケーションの能力は未熟なことが多いので、トラブルになりやすいのがこの時期です。

ご相談の子どもさんの場合、グループの中で活動しているようですので、社会性は順調に育っているようですね。しばらく（おおよそ2週間）様子を見て良いでしょう。しかし自分で解決できず、憂うつそうな様子が続くようであれば、お母さんの方から話を聞き出してあげたら良いと思います。

話を聞いてあげるときには、コツが必要です。子どもが悩んでいそうな内容を、こちらで少し推測して聞いてあげると、子どもさんが自分でも気づいていなかったトラブルの内容を引き出すことができます。

子どもの人間関係の悩みには　パターンがある

診察室に相談に来られる例で考えてみましょう。このような女の子の友達関係から気持ちが不安定になったケースをまとめてみると、いくつかのパターンに分かれます。

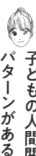

まず孤立する例。この時期の子ども、特に女の子は、数人でグループを作ります。

しかし集団が苦手で、このようなグループになかなか入れない子どももいて、そうなると孤立してしまいます。

〝自分の中で楽しみを見い出せる〟とか〝家族と話すことで満足できている〟という場合、一人でいても大丈夫ですが、〝一人はさみしい。だけど集団は苦手〟ということが多く、そんな場合は悩んでしまいます。相手の方から声をかけてほしいなあと思っても、なかなか受け身だけでは仲間に入れてもらえないことが多いため、孤立してしまうのです。

グループでは、その中の人間関係での悩みも

次に、3人から5人のグループに入っている場合、グループ内の人間関係

で悩むことがあります。この年齢では、まだまだ社会性が未熟です。たとえば、3人のグループで普段仲良くしていても、何か問題が起こると、すぐに3人のうちの2人が親密になったりします。

子どもは、2人の関係の方が親密で安心感があるため、3人目が邪魔になり、これを排除しようとして仲間はずれにすることがあります。こんな場合、この3人目は自分がなぜ仲間はずれにされたのかがさっぱりわからず、悩んでしまいます。

友達からの相談を自分のことのように…

また、4~5人のグループの場合、2対2や3対2という2つのグループに分かれて、争ってしまう場合もあります。グループ内のトラブルは、このような人間関係の未熟さから起こってくる問題が多いようです。

その他に、これは女の子に多い傾向なのですが、仲良しの友達同士でいろんな話をするうちに、相談ごとも多くなります。

親だけではなく、友達にも相談ができるのは良いことですが、繰り返し相談を受けていると、その友達の悩みを自分のことのように悩み、憂うつになってしまうことがあります。

子どもは、自分の問題と他人の問題とをきちんと分けて考えることができず、自分のことのように考え込んでしまい、不安を高めてしまうのです。

子どもに起こっていることを予測して話を聴く

これらの友達関係のトラブルは、大人の世界でもよく展開されています。ましてや、まだ経験の浅い子どもたちは、友達関係やグループの中でどんな人間関係が繰り広げられているか、相手がどんな感情をもつのか、なぜ自分がこんな目に遭うのか、深くはわかりません。わからないまま、巻き込まれていることが多いのです。ですから子どもにしてみれば親から〝何を悩んでいるの？〟と聞かれても、うまく説明できないのです。

親は、子どもに比べると経験豊富です。同じ体験はしていないかもしれませんが、少し似た体験をしているものです。ですからこのようなときは、親の方が、こんなことが起こっているのではないかと予測しながら話を聞くと、うまく聞き出せるかもしれません。子どもに起こりやすい人間関係のトラブルの例を参考にしてみてくださいね。

自分で解決する方法を習得する時期でもある

10歳以降の子どもはどんどん自分の世界を広げていき、人間関係も密接になり、他人の身になって考えることもできるようになるなど、精神的な成長の伸びが非常に大きくなる時期です。

戸惑いながらも、自分で解決するすべを身につけていく時期でもあるので、適度な距離を置いて見守ってあげてください。

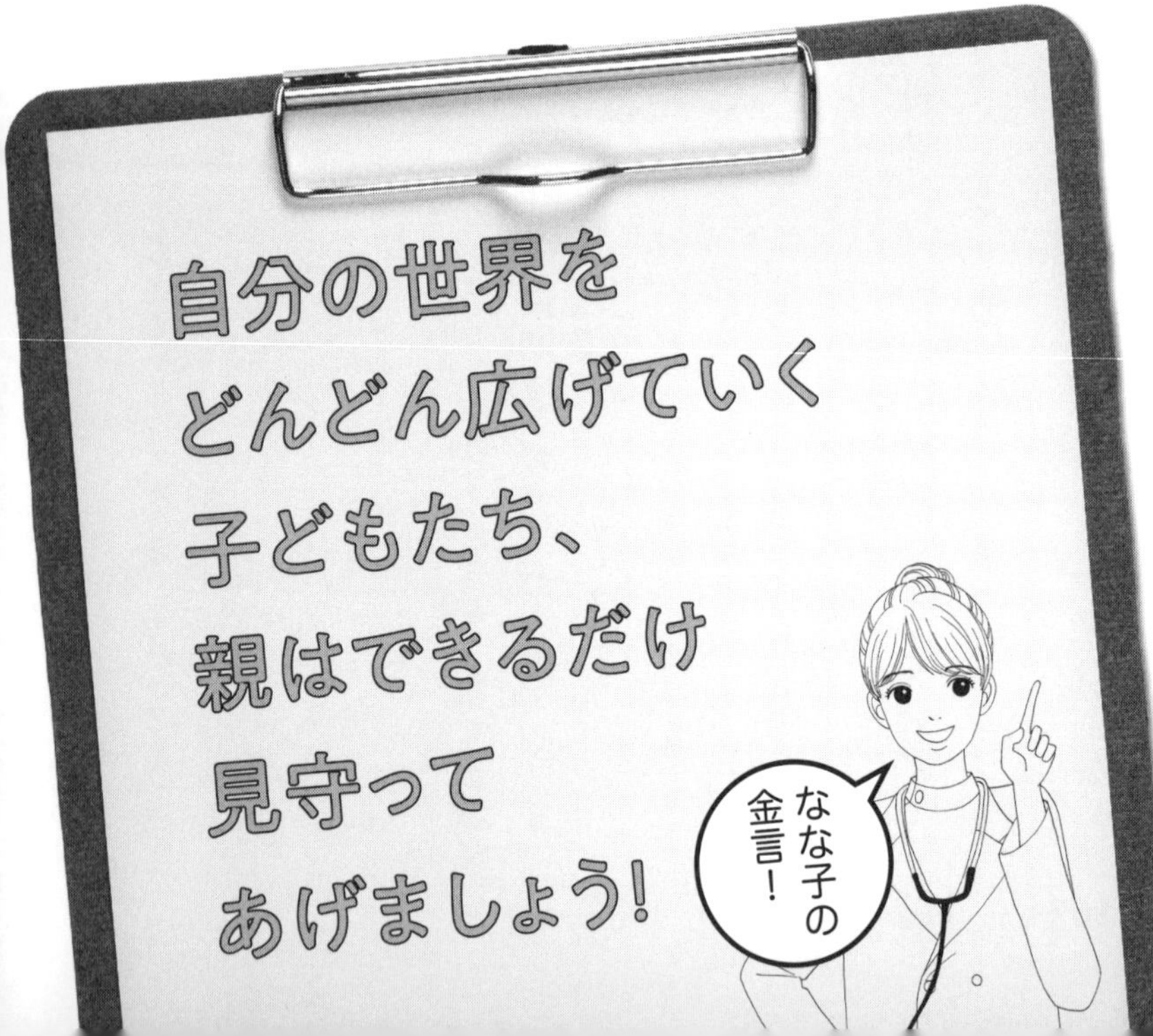
自分の世界をどんどん広げていく子どもたち、親はできるだけ見守ってあげましょう!
なな子の金言!

お悩みケース 16

5歳の男の子の母親です
幼稚園で、他の子とうまく遊べない様子です。幼稚園の先生によると一人でいることが多く、一人で楽しそうに遊んでいるそうです。他の子とけんかをするわけでもなく、集団での遊びが苦手なようです。先生や大人とは遊びます。家でも私たち両親とは楽しく遊びます。今後どうしたら良いでしょうか。

子どもが遊んでいる様子を見ていると、それぞれの子どもの発達の段階やそれぞれの性格や興味の違いが見えてきます。幼稚園や保育園の年齢の子どもたちを見ていると、リーダーシップを発揮する子、その子についていく子、2～3人で親密な関係を作る子、一人遊びが好きな子など、様々です。

子どもの成長・発達は性格・環境等で異なる

子どもは遊びを通じて様々な能力を獲得しながら成長していきます。

1歳前後に親のまねをするのは遊びの始まりです。また、親が「いないいないばあ」をしたとき「ばあ」の瞬間を待つ楽しみも遊びの一つです。

3歳くらいになると、箱を乗り物に見立てたりする「見立て遊び」や、「ごっこ遊び」ができるようになります。そのころから少しずつ友達と共同して作業ができるようになり、役割を持った遊びができるようになります。

4歳から5歳になると、自分の気持ちを抑え、譲り合うことができ、少し複雑な役割分担もできるようになります。しかし、これは一般的な目安でしかありません。子どもの成長・発達は一人ひとりのばらつきが大きく、またその子の性格や興味も違っています。おとなしく引っ込み思案だったり、人に興味を示さない子だと、他の子と一緒に遊ぶようになる時期が遅れるかもしれません。また、たとえば親との関わりが薄かったり、引越しが多かったりなどといった、その子の生育環境も影響するでしょう。ですから同じ年齢だからといって同じ段階にあるとはかぎりません。子どもは自分なりのペースで育っていくものです。

段階に合わせて親子で遊び幅を広げていく

ご相談の子どもさんは、大人とは楽しく遊べるけれど同世代の子との遊びが苦手の様子ですね。大人や親とは楽しく遊べるということは、人と関わる楽しさは知ることができているとい

「ひとりでばかりいないで
お友だちとも遊んだら?」と言ったら
でもさ
人間、誰でも
最後はひとり
だよね
って…えーーーっ
そんなことどこで覚えたの!?
うちの子大丈夫ですかーー!?

うことです。子どもは、しっかり自分の相手をしてくれる親や大人と遊ぶことが大好きです。同世代の子どもと遊ぶことは、楽しい反面、思うようにならないことも多く、子どもにとってはちょっとした冒険です。その意味では、少し幼いところがあるのかもしれません。ですから今すぐ無理に同世代の子どもと遊ばせようとしても、思うようにはいきません。そもそも遊びは楽しいはずなので、無理強いすると遊びではなくなってしまいます。今はそういう段階なのだと考えて、その段階に合わせて親子でしっかり遊び、遊びの幅を広げていくと良いと思いますよ。

大人との遊びを通して同世代と遊ぶ力がつく

とはいえ、いつまでも親や大人と遊ぶだけではなかなか社会性が育っていかないので、工夫が必要かなと思います。

まずは大人がしっかり相手をしてあげて、遊びの楽しみを教えてあげましょう。そして遊びの種類を増やしたり、順番が待てるように工夫したり、勝ち負けを教えたり、ごっこ遊びをしたりと、たくさんの経験をさせてあげることで友達と遊ぶ基礎を作ることができます。

そして、大人が他の子どもたちとの橋渡しをしてあげると良いですね。「相手は今こんなことをしているよ」とか、他の子に話しかけるにはどうしたら良いか、仲間に入りたいときはどうするかなどを少しずつ教え、いっしょに試してみてはどうでしょう。

「遊び」という集団行動には様々な力が必要！

さて、子どもが集団行動ができるようになるためには、いろんな能力と精神的な発達が必要になります。「今その集団が何をしているか」という情報をつかむ力、「それに応じて自分は何をすれば良いか」――つまり、得た情報を整理して考える力、それを行動に移す力などが必要になります。加えて集団で遊びができるようになるには、他にも様々な力が必要です。

たとえば他の子と会話する力、相手の意図を読み取る力、相手と共通の目的や興味を持ち共同で作業する力、順番を待つ力、譲ったり謝ったりする力、自分の意思を主張する力、勝ち負けを理解する力、勝つために工夫する力、たとえ負けてもいらだたない力、遊びを切り上げて止《や》めることができる力、などなど。多彩で複雑な力が必要です。

もちろん、このような力は短期間で身につくものではなく、時間をかけて少しずつ経験を積みながら遊びや集団の中で獲得していくものです。

人によっては、大人になっても上手に他人と遊べない人や、潔く負けを認めず怒りだす人がいますよね。困ったことにゲームやギャンブルを止《や》められず、依存してしまう人もいます。人と遊びとの関係は、深くて重要なものなのです。

今の発達段階を把握しつけるべき力を与える

ご相談の子どもさんは今どんな力を獲得できていてどんなことが苦手なのかを観察して、今の発達段階を把握できると良いでしょう。そしてこれからどんな力をつけていくと良いか、その力をつけるためにはどうしたら良いかを、園の先生などと相談して工夫していくと良いでしょうね。

遊びには
様々な力が必要。
発達に合わせて
足りない力を
身につけ
させよう。
なな子の金言！

4歳の男の子の母親です。
保育園で他の子とのトラブルが多いです。
自分の思い通りにならないと、友達を叩いたり蹴ったりするらしく、保育園の先生から注意を受けました。時には、ものを投げたり机を倒したりするそうです。子どもに注意したり叱ったりしますが、効果がありません。

お悩みケース 17

まず確認です。

おうちで、子どもを大きな声で叱ったり叩いたりしていませんか？ 子どもが暴力で問題を解決しようとする背景には、親が暴力で解決しているのを見て学習してしまっている場合も多いようです。

「そんなことは止《や》めなさい！」と言って子どもを叩くと、「思い通りにならないときは叩いて解決する」という方法を学習してしまいます。「そんなこと止《や》めろよ！」と友達に言う代わりに、友達を叩いて意思を伝えようとするのです。

家族が暴力や暴力的な言葉を使っていると…

身体への暴力だけでなく、暴力的な言葉

についても同じです。家族が普段、乱暴で威嚇《いかく》するような言葉や攻撃的な言葉でやりとりしているのを見ていると、それが唯一の方法だと子どもは思うようになります。乱暴な言葉のやりとりが普通のことだと学習してしまうでしょう。もし日常的に、上の子から叩かれていたり、父や母が体罰でしつけをしようとしたり、祖父母の暴言を日常的に聞いていたりしたら、本人だけの問題として考えていては解決しないでしょう。

まず親や兄弟、家族全員が攻撃的な態度を止《や》めるように努力することから始めましょう。

親は根気強く 子どもの経験と成長を待とう

子どもが乱暴で攻撃的な行動に出てしまうのは、自分の気持ちをうまく言葉で伝えることができないからです。うまく言葉にできないため、叩いたり噛んだり蹴ったりすることで、自分の意思を伝えようとしてしまいます。

子どもが成長していくと言葉が増えます。「言葉を使って相手に伝えれば気持ちが伝わる」という体験をしていくことによって、攻撃的な行動は減っていくでしょう。

しかし親が「ちゃんと言葉で言いなさい」「ちゃんと言わないとわからないよ」と言うだけでは、子どもはどうして良いかわかりません。言葉で伝えることができるようになるには経験と時間がかかります。根気強く取り組もう！と覚悟しましょう。

意思伝達のための言葉の有効性を学ばせる！

まずは子どもの気持ちを代弁してあげることが必要でしょう。親が子どもの気持ちを汲《く》み取って、「それを言葉で表すと物事が解決する」ということを示してあげることが大切です。

「あのおもちゃで遊びたいのね」と子どもの気持ちを代弁してあげ、「貸してちょうだいと頼んでみたら」と方法を教えてあげると良いでしょう。子どもは自分の気持ちを汲《く》み取ってもらえた安心感と、それを言葉で表現することの有効性を理解していくことができます。そして子どもに言葉を教えることにもなるのです。

暴力が感情表現の手段として無効だと教える

さて、親は子どもにやってほしくない行動を止《や》めさせたいときに、よく「そんなことは止《や》めなさい」と言って叱りますが、この年齢の子を叱ったり叩いたりしても、なかなか伝わりません。何をやったらいけないのかはさっぱりわからず、ただ叱られたということだけが伝わります。

反対によくできたとき、たとえば「叩かずに貸してと言えたとき」や「我慢して仲良く遊べたとき」に、「言葉で言えたね」とか「よく我慢したね」という風にやって良いことを教えていかないと、子どもの行動を良い方向に向かわせることはできません。

そして、してほしくない行動をしたときは親はなるべく無視し、無反応でいることが重要です。「叩いても欲しいものは手に入らない」という経験が大事です。「叩いたり蹴ったりする

達也が4歳の頃からの堂島家の習慣
たっくん今日あったことをお話しして
下条さんを食事に誘ったけど断られたよ
達也34歳もう聞かんといてあげて

ことは、自分の意思を伝える手段として全く有効でない」ということをわかってもらわないといけません。

また、周囲の注目を得るためにそういう行動をしてしまう子どももいますが、暴力では注目は得られないことを伝えるために、親は反応しないことが重要です。注目してほしいならもっと良い手段があることを教えないといけませんね。たとえば「今日あったことをお話ししてちょうだい」と言ってしっかり話を聞く姿勢を見せることで、どんなときに親の注意を引けるか体験してもらうことも大事でしょう。

叱る場合は状況や内容をよく考えて計画的に

さて、暴力や犯罪的な行動等、してはならないことをしたときには、叱ることも必要になります。

診察室の中でも子供を叱ることはあります。しかし子どもの年齢、状況や内容をよく考えて、冷静に計画的に叱るようにしています。そして次の回で褒《ほ》めることができるように、守れそうな約束をします。叩いたり蹴ったり噛んだりする子には、次回まで守れそうな約束、たとえば「噛まないようにしよう！」と約束し、それができたら次の診察で褒《ほ》めます。「褒《ほ》めるために叱る」ようにしています。

「子どもの気持ちを汲《く》み取る」「でも子どもの言う通りにはならず」「子どもができそうな課題を出し」「それができたら褒《ほ》める」この繰り返しが大事です。こうやって子どもの暴力を減らしましょう!!

暴力的な表現を
家庭から根絶すること!
言葉で表現することの
有効性を、
体験を通して
学ばせよう。
なな子の金言!

小学2年生の女の子の母です。

恥ずかしがりの娘についての相談です。

学校で友達と遊んだり、皆と話したりするのは、楽しそうにしています。でも、学校の授業中の発表など、クラスの皆の前だと緊張してしまうようで、「ドキドキして何も話せなくなってしまう」「答えはわかっているのに、皆の前で発表できない」と悩んでいます。

娘には自分のことに自信を持ってもらいたいと思います。どんなアドバイスをしてあげたら良いでしょうか？

お悩みケース **18**

少し緊張の強い娘さんなのですね。

まずは、娘さんが「授業に真面目に参加している」ことをしっかり褒《ほ》めてあげてください。〝真剣だからこそ緊張する〟のだし、〝良い結果を出そうとがんばるから、ドキドキしてしまう〟のだと教えてあげてください。

ちょっとの緊張は良い結果に繋がることも

もし授業をいい加減に聞いていて、先生の質問も真面目に聞いていなかったとしたら、そんなにも緊張することはないでしょう。「緊張するのはがんばっている証拠よ」と伝えてあげましょう。そして運動選手などの例をあげ、「ちょっと緊張することは、良い結果を出すこともある」と教えてあげてください。それだけで、解決することもあります！

家族で話す時間を人前で話すトレーニングに

「いやいや、それでも心配だ」という場合は、日頃から「家族の前で〝きちんと〟話す」という練習をするのも良いかもしれません。少し改まった雰囲気を作り、家族で順番に話す時間を設けてみてください。たとえば「今日あった出来事」などテーマを決めて、家族の前で数分間話してみましょう。

人前で話すことには慣れが必要で、トレーニングは効果的です。親や兄弟が話す様子を見てまねることもできるし、話し方を具体的に教えてあげることもできるでしょう。慣れることで自信がつき緊張も減ってくるでしょう。その時、深呼吸などのリラックスする方法も練習すると良いですね。

ゲンかつぎや御守りを持つことも、効果的！

もっと手軽な方法や、すぐ効果があることをお望みの場合は…運動選手がよくゲンかつぎをしたり御守りを持ったりするように、娘さんと一緒に緊張を解くしぐさを考えてみてください。

胸に手のひらを当てるのはよくやる方法ですが、頭をかいたり、耳たぶを引っ張ったりはどうでしょう。

何か御守りになるようなものを持たせるのも、効果があるかもしれませんね。「これは気持ちが落ち着くアイテムだ」とか「家に代々伝わる御守りだ」などと暗示をかけて手渡すと、さらに効果的かもしれません。

学校で一人でがんばって緊張してしまっている娘さんが、その物を介して親が一緒にいる安心感を心の中にイメージできるようになったら強みになりますよね。幼いころ、お母さん代わりのぬいぐるみを抱いて

いたら安心して寝られていたのと同じことです。

　ここにあげた方法はどれも、ありきたりの方法ばかりです。でも、親と一緒に緊張をほぐすために話し方の練習をした体験や、リラックスするためのしぐさを考えたりグッズを選んだりしたことは、後々までずっと子どもの心に、親が自分を大事にしてくれた記憶として残るでしょう。そのような体験こそが、子どもにとっての本当の自信になるのです。

褒《ほ》められた経験がないと緊張する癖が…

　実際、子どもは成長していくと、特別なことをしなくても、自然と自信がついてくることがほとんどです。

　しかし残念なことに、一部の人は成人になっても、緊張が強すぎて人前に出られなかったり、集団に入れなかったり、社会とうまくなじめない不適応状態になることがあります。

　そのような人たちに話を聞いてみると「小さいころから親に褒《ほ》められたことがなかった」という体験を語る人が多いようです。そのような自信のない人たちは、人の評価を強く気にするようになり、その結果、いつも緊張する癖がついてしまうのです。

　一方、その人たちの親は、「そんなことはなかった」と、まったく逆の主張をすることがしばしばあります。「自分は褒《ほ》められた」と子どもが感じるように褒《ほ》めることができなかったからなのでしょう。

相手が「褒《ほ》められた」と感じるように褒《ほ》めるのは、意外と難しいことです。

親に認めてもらった体験が、その人の〝自信〟に大きく影響することは確かです。しかし、むやみやたらと褒《ほ》めれば良い、というものではなさそうです。

「褒《ほ》める」とは 子どものがんばりを認めること！

よく「子どもは褒《ほ》めて育てましょう」と言いますよね。でも、お母さんたちから「うちの子には褒《ほ》めるところがない」とか、「この子は褒《ほ》めると、かえって怒り出す」などという声もよく聞きます。

ここで「子どもを褒《ほ》める」ということの意味を確認しましょう。「褒《ほ》める」というのは、ただ「すごい」とか「えらい」とか言って、おだてることではありません。親の価値観で優れていることを褒《ほ》めることでもありません。子どもががんばったことを認めることなのです。

褒《ほ》めることは相手のいいところを探すことです。相手が気づいていないようないいところを見つけ出して褒《ほ》めることができれば、子供に自信をつけることができるでしょう。

たとえば、子ども自身は「あまりうまく描けていないなあ」と思っている自分の絵を、親が「上手だね」と褒《ほ》めても、子供は褒《ほ》められたとは感じません。しかし自分の傘を置き忘れてばかりいる子に、「今日は傘を持って帰ってきて、えらかったねえ！」と褒《ほ》めると、はたから見れば普通のことでも、〝その子のがんばりを認めること〟になるでしょう。

そういう経験が、子どもの自信を育てていくのです。〝褒《ほ》め上手な親〟になって子どもに自信をつけてあげましょう。

褒《ほ》められた経験が、子どもの自信になる!

12歳の女の子の母親です。
中学校に入り、友達もできて楽しく学校に通っていましたが、2学期になってから突然「学校に行きたくない」と言い出しました。そのうちまったく学校に行かなくなりました。理由を聞いても「わからない」と言います。親としてはとても心配です。

お悩みケース 19

子どもが学校に行けなくなるとき、友達とのトラブルや、いじめ、先生からの叱責、学業がうまくいかないことや、部活でのトラブルなど、きっかけがあることもありますが、これといった理由やきっかけがわからないことも多いようです。

理由はあるかもしれないけれど本人が気づかないこともあるでしょうし、本当にわけもなく行きたくなくなるということだってあるでしょう。

子どもが行きたくない理由がわかってきて、自分の気持ちを整理できて説明ができるようになったら、学校に行けなくなるという問題が解決に向かうかもしれません。しかしそれは簡単ではないことで、時間がかかるかもしれません。

不登校は、子どもが学校生活に適応できなくなった状態です。

それにはいろんなきっかけがあるだろうと思います。学校で恥ずかしい思いをしたり、何か気まずいことがあったのかもしれません。あるいは、努力しているのに友達から仲間外れにされたり、攻撃されたりということもあるかもしれません。うまくいっていると思っていたのに、うまくいかなかった体験があるのかもしれません。そのようなときに、自分の気持ちがきつくなり、つらくてその場所（教室や学校）に行けなくなった状態です。心の中で葛藤が起こっていることは間違いないのですが、それが周囲の友達や先生から攻撃されたと感じたからなのか、環境に耐えられないからなのか、自分の心の中の葛藤なのか、自分でもはっきりとはわからないことが多いのです。

このような恐怖感に子どもが耐えることができるようになるためには、それだけの心の成長と周囲のサポートが必要だということを理解しましょう。また親としては、子どもがその苦しい状況から「学校に行かない」という選択を自分でできたことを認めてあげる余裕も必要でしょう。学校に行かないことは、ただ逃げているように見えるかもしれませんが、自分の心を護るための積極的な対応なのです。

もうさ
お母さんも一緒に
引きこもるのです
健康や食事は
おばあちゃんに まかせて
何でや
コラ!!

不登校になったとき親はどうするべきか

親としては、学校に行かない時間を、子どもが「自分のことをゆっくり考える時間」にできるといいな、と思えると良いですね。自分の気持ちを言葉にする練習や、自分のストレスに気づいたりストレスへの対処法を身につけたり、周囲の人に興味を持ったり、他人と一緒に物事を達成する楽しさを経験することが理想的です。親としてできることで良いので、一緒に考え体験できるようにしたいですね。

しかし、なかなかそううまくいかないのが現実です。ほとんどの不登校の子どもは親との接触を回避し、引きこもり、ゲームやパソコン、スマホに逃げ込み、外出を嫌がり、人との接触を避けるようになります。それほどに子どもが感じている罪悪感や葛藤は大きくて深刻なのです。あせらずに長期戦を覚悟しましょう。

こんなときに親としてできることは、一つは子どもの健康を守ることです。三食きちんと食べるように促す、昼夜逆転しないように生活のリズムを見守る、体力が落ちないように運動を勧めるなどでしょうか。もう一つは勉強をさせるということです。意外なことかもしれませんが、「学校に行くことは拒否するが勉強はしたい」と思っている子どもは少なくありません。

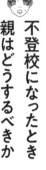

勉強を続けることで、学校に戻るハードルが下がることもあります。

子どもが学校に行けることは、社会に参加できることなのですから、適応できるようになることは歓迎すべきことです。子どもが学校に戻れそうだと判断したときは、背中を押してあげましょう。でもまだきつそうであれば、あせらずゆっくりうながそうと考えてください。大事なのは、状況に合わせて柔軟な態度をとることですね。

子ども自身で問題を解決することが必要

時として、親は「子どものことを何でもわかっている」と思い込みがちです。しかし、子どもの成長とともにだんだんわからなくなるのが自然です。そして親は、「子どものことは何でも知っていないといけない」と思いこんでいることもあります。子どものことは半分くらいしかわからないのだということを自覚し、子どもの全てを知る必要はないことを理解しましょう。

「うちの子どもは、こんなことを言われたので学校に行けなくなった」とか、「こういう人が苦手なので行けなくなった」と決めつけないことが大事です。その部分が解決しても学校に戻れなかったという例は多く見受けられます。子どもが自分でじっくり解決しないと不登校の問題は解決しないのだと考えましょう。反対に理由を決めつけてしまうとそこから先になかなか進めなくなります。

　悩みがあれば聞いてあげ、相談されたら一緒に考えてあげることは大事です。しかし子どものことを全て知ることは無理だし、それは子どものためになりませんよね。

　そして今、不登校の子どもは年々増えてきています。そのことを考えると、子どもが社会人になるための道筋は、学校に戻ることだけではないということを、これからの親は認めていかないといけないのかもしれません。

　確かに勉強は必要ですし、社会性はトレーニングする必要があります。でも学校に戻ることだけに固執してしまうと、親も子どもも、擦り減ってしまうかもしれませんね。

不登校の原因は本人もわからない場合が多い。
親は子の全てを知る必要はない。
本人が解決できるよう見守って！
なな子の金言！

4章

子どもが生まれてからイライラしやすくなりました

自分ってダメな親なの？と悩んだときの相談

子どもが生まれてからイライラしやすくなりました

叱ったらいいのか叱らないほうがいいのか迷います

兄弟げんかがひどくて、困っています

息子が父親を避けており、会話がありません

2歳の娘が、度を越した赤ちゃん返りを!

褒《ほ》めて育てろと言われるけれど…!?

お悩みケース 20

3歳の女の子の母親です。子どもが生まれてから、イライラしやすくなっています。子どもが特にわがままだというわけではないのですが、ぐずったり泣いたりすると、我慢できず、ちょっとしたことでイライラしてしまいます。イライラせずに子育てをしたいのですが、どうしたら良いでしょうか。

子育ての悩みで一番多いのは「イライラしてしまう」という訴えです。ほとんどの母親が「子育てはイライラしてしまう」「イライラする時がある」と感じるようです。

それもそのはず、**「子育て」というものは人がイライラしてしまう条件が見事にそろっているからです。**特に3歳以下の小さな子どもの母親は、イライラしやすい環境が満載です。小さい子の母親は、子どもの様子を見守る必要があるため、一時も休む暇がなく、身体と精神がとても疲れます。睡眠も不足しがちです。自分の体調や自分のペースで動くことができず、子どもに合わせないといけません。

そして子どもは、すんなり言うことは聞かないし、夜泣きをしたり、せっかく作った食事をぐちゃぐちゃにしたり、母親の時間の余裕がないときに限ってぐずぐずしたりするなど、思い通りにならないとんでもない相手なのです。

つまり母親はイライラしてしまうものなのです。ただそのイライラをどうコントロールするか、どう解消するか。そこが大事です。

もちろん「子どもが見せてくれる笑顔」や、「無心に遊んでいるしぐさ」「無防備に寝ている寝顔」などは、母親の疲れを一瞬にして癒してくれる薬でしょう。しかしそれでも「イラッ」としてしまうことは誰にもあります。自分のイライラの感情を否定せずに冷静に認めて、どう処理するかが大事です。

イライラのタイミングを自分で把握しよう！

まず自分はどんな時にイライラしやすいか、気づくことからはじめましょう。朝の忙しい時間なのか、夕方、仕事から帰って疲れているときなのか、なかなか寝ない子どもを寝かせるときなのか、それともその全部か…。イライラしやすいタイミングに気づいて用心しておくと、ちょっとだけ気持ちの準備ができ、予防ができるかもしれません。

でも「イラッ」としてしまったら、その感情をすぐにぶつけずに、イライラの解消法を作っ

イライラを 子どもにぶつけそうに
なったら 自分よりもっとイラついてる
そら豆のぬ助のことを考えるのです
ぬ助の身長は？
熱愛彼女は？
頭はヅラなの？
実際 ぬ助ってかわいいの？かわいくないの？
「いやっかわいくねーだろ!!」と
つっこむ頃にはイライラも 収まっています。
なわけねー

ておくことが有効です。「深呼吸してみる」「歌を歌う」「『イライラしてるぞ』などと言葉にしてみる」「誰かに電話やメールをする」など、とっさにできるようにしておくのはいかがでしょうか。

他にも、ふだんから自分の感情を冷静にコントロールする方法を考えておくと良いですね。「自分のイライラの大きさを表現する。たとえば、『50℃のイライラ』『100℃のイライラ』など」「自分のイライラに名前をつける。たとえば『大魔神が出た!』」や、「優しい、冷静な母親を女優のように演じてみる」など。自分の感情からちょっと距離をとって見つめ、冷静になるための工夫、ちょっとクスッと笑いに変えるような工夫をいくつか用意しましょう。

イライラ任せで子どもを叱ってしまったら!?

いずれにしても、感情に任せて子どもに直接八つ当たりをしないように注意しましょう。「子どもって思うようにはならないものだ」とあきらめましょう。でも、ついイライラをぶつけて怒りに任せて当たってしまっても、「ごめんね」と謝れば大丈夫です。子どもに、大人が謝る姿を見せることは、とても大事なしつけの一つです。「人に謝る」ことを教える良いチャンスになるからです。

　普段からイライラを予防するためには、疲れを溜《た》めすぎないようにちょこちょこ休養をとることや、周囲の人の手助けを頼み自分の時間を作るなど、疲労を防止したり気分転換をする策を考えておくことも大事でしょう。

感情のコントロールは子育て以外でも必要！

　さて、このように「子育て」というものは、自分のイライラの感情のコントロール力を試される試練のようなものです。しかし感情のコントロールは、子育て以外でも、家族関係や仕事関係・友人関係など、さまざまな場面で必要とされる力です。

　イライラのコントロールができないと、不機嫌な様子を人に見せてしまったり、怒りに任せた行動、たとえば大きな音を立てて扉を閉めたり物の扱いが荒くなったりと、乱暴な行動をとってしまって、人に恐怖感を抱かせてしまいます。社会の中で人とうまく共同作業をしたり円滑な人間関係を築くためには、感情をコントロールすることが必要です。

　また怒りに任せて物事を決めてしまうと、後で後悔することになります。そして腹立ちまぎれの行動は、失敗しやすいということもあります。反対に冷静な判断と態度は、人からの信頼を得ることもでき、自分の社会生活を成功させるコツと言えるでしょう。

怒りの感情を抱えると落ち込みや不安を招く

そして怒りの感情をもやもやと持ち続けることは憂うつ感につながりやすく、気分の落ち込みや不安を招きやすいかもしれません。気持ちの切り替えは大事ですね。

このように、子育てをする母親として、子どもや自分のためにイライラをコントロールすることは大事です。そして一人の社会人としても、その力は社会生活の中でとても重要なのです。イライラをコントロールするための、さまざまな工夫や技を身につけて、上手にイライラと付き合いましょう。

小さな子ども相手は
イライラするもの。
感情をコントロールする
工夫と技は
他の場面でも
役立つ!
なな子の金言!

5歳の女の子の母親です。
しつけのことで悩んでいます。
しつけは大事だと思いますが、叱らないほうが良いとか、厳しくしないと大変だとか、いろいろな意見があってわからなくなります。私は、子どもが朝の準備をぐずぐずしたり、お友達とけんかして泣いたり、お店でさわいだりするとイライラして叱ってしまいます。

お悩みケース21

「しつけ」のご相談は多いですね。それだけ悩んでいる方が多いのでしょうか？

「しつけ」が悩みの原因になりやすいのは、「しつけとはどんなことなのか？」の答えがまちまちなので混乱してしまうことと、「しつけは、その子の発達状態に合わせないとうまくいかない」という二つの大きな問題があるからです。

お母さんの疲れやあせりが心配 少し深呼吸！

しかし今回のご相談で一番心配なことは、イライラしているお母さんのことです。

忙しい毎日で疲れが溜《た》まっていませんか？ 気持ちの余裕を無くしていませんか？ 子どものことは「全部自分の責任だ」

と思ってあせっていませんか？　疲れやあせりは感情のコントロールを難しくしてしまいます。イライラが続くと気分の落ち込みにもつながります。

少し深呼吸しましょう。子育てはゆっくり、時間がかかるものですよ。自分のために楽しむ時間も作りましょう。

子どもの年齢や理解力に合わせた「しつけ」を

さて「しつけ」というのは、子どもに基本的な生活習慣を教えることと、社会の中で人と関わるルールを教えることの二つです。

そして子どもがやがて一人で生きていく時に、自分の力で健康的に生活し、社会の中でルールを守りながら他の人と交流できるように、親が少しずつ教え、さらに手を放して自立させていくことだと思います。

しかし「しつけ」は、子どもの年齢や、どのくらい理解できるかに合わせて教えていかないと空回りしてしまいます。ご相談の子どもさんは5歳ですから、早寝早起き、三食食べる、一人でトイレ、友達に乱暴をしない、などなどを教えているところでしょうか。

この年齢の子どもは言葉での説明は難しいので、一緒に食べたり、一緒にお風呂に入ったり、一緒に行動することで十分なしつけになっているでしょう。

我慢のコントロールはまだできない年ごろ

5歳くらいの子どもの発達段階を考えてみましょう。

このころの子どもは自分の〝自己主張〟は強くなってきていますが、〝自己抑制〟はまだまだこれから、というところです。自分のやりたいことはわかってきて、言えるようになっていますが、〝我慢のコントロール〟は難しいと考えた方が良いでしょう。やっかいな時期ですよね。

また、相手の立場になって考え、相手の気持ちを推測することができるようになるのは10歳くらいになってからです。まだ物事を自分からの視点でしか理解できないので、自分中心なわがままを言っているようにみえます。

相手の状況を理解するまでには時間がかかる

たとえば、「お母さんは早く出かけないといけないので、急いでちょうだい！」などと理由を説明しても、この年齢の子どもには、まだよくわかりません。

相手の状況を推測して、自分の行動を合わせることができるようになるにはもう4～5年かかります。

別に親を怒らせようとしてぐずぐずしているわけではありません。まだ器用に準備ができない、他のことに気が散ってしまう、などの理由で時間がかかってしまうだけです。しょうがないなあと考えましょう。

子ども同士の接触から譲り合いを覚えていく

また友達との遊びも、一緒に遊ぶことはできますが、本当の意味での共同作業はまだ難しく、「自分の好きなおもちゃを友達に譲る」「自分のことは後回しにしよう」などという考えを持つのは難しいことです。

別に優しくないわけでも、意地悪しているわけでもありません。相手も同じような発達段階なので、けんかになりやすい年齢です。そのけんかを通して譲り合いを覚えていくのだと考えましょう。

個人差はありますが、5歳だと場所柄をわきまえるのも至難。楽しかったら騒ぐし、友達などがいたら走り回ります。

また「ここに、じっと待っていてね」と言い聞かせている親を見かけたりしますが、5歳の子どもだと、じっと待っていられるのは数分です。興味を持ったものができると、動き出してしまいます。迷子になってしまうでしょう。

言いつけを守らないと言って叱るのは無茶で、これは「しつけ」ではありませんね。

思い通りにならなくて当然と考えて冷静に

なかなか思い通りにならないことがあったとしても、「この年齢の子どもはこれが当たり前」

「これからの課題だ」と考えて、冷静になるように、イライラしないようにと自分に言い聞かせましょう。

親と一緒に過ごし、一緒に体験することでしつけができるこの時期は、親のすることを見て学習します。

あなたができるだけ笑顔を見せると、子どもは笑顔を返してくれますよ。

子どもの発達段階に
合わせよう。
親と一緒に
行動することが
しつけになる
場合もある!
なな子の
金言!

10歳と9歳の男の子の母親です。

兄弟げんかが激しくて、心配です。どちらからというわけではなく、物の取り合いなどの小さなきっかけからけんかになり、だんだんエスカレートしてしまいます。

先日は、兄が手を出してしまい、弟に青あざを作ってしまいました。兄は「弟ばっかりかわいがる」と言い、弟は「お母さんはお兄ちゃんの言うことしか聞かない」と言います。どちらも同じように平等に愛情を注いでいるつもりなのに。

どうしたら良いでしょうか？

お悩みケース 22

「兄弟げんかは仕方がない」と思いますよね。でも、エスカレートして常に暴力的になるのであれば、それは大変です。放置せずに、ちょっと考えてみましょう。

それぞれの子に合わせたタイミングと量の愛情を

まず、子どもを平等に育てることに意味はありません。親が平等にしていると思っても、受け取る側はそう思わないことを私達は理解しましょう。子どもは兄弟といえども個性が違うので、同じに（つまり平等に）扱ってはいけないと考えたほうが良いかもしれません。その子に合わせたタイミングと量の愛情が必要なので、同じはずがないとも言えます。それぞれが必要としているときに必要なだけ愛情を注げば良いわけですが、子どもをよく観察することが大事になってきますね。

言葉で伝えることで子どもを安心させよう！

たとえば、子どもの一方が病気だとします。親は、どうしてもその子に時間とエネルギーを費やす必要があります。

もう一方の子どもは、親に手をかけさせないように心がけたり、自分のことが後回しになっても我慢しなければなりません。そのことで、子どもの心の中に怒りが募《つの》ってしまうかもしれません。

そんなとき、親は「お前が家族のために我慢していることは、わかっているよ」と言葉で伝えることが大事です。「親はちゃんと自分を見てくれているのだ」とわかれば、子どもは安心するからです。特別なご褒美《ほうび》を、その子だけにあげても良いかもしれません。

兄弟げんかの本質は親＝食べ物の取り合い

なぜ兄弟はけんかをするのでしょうか？　これは動物全般に見られる行動で、荒っぽい動物だと殺し合いになったりする生存競争です。小さい子どもは自分で食料を調達できず、親に食べさせてもらうわけですから、食べ物の取り合い（親の取り合い）は生き残るための最重要課題。つまり兄弟げんかの本質は〝親の取り合い〟なのです。考えてもみてください。たとえば、兄（姉）に、1～2歳のときに下に赤ちゃんが生まれる。もし親が下の子に全愛情を注ぎ自分への関心が無くなってしまえば、自分は餓死してしまいますね。これは生死にかかわる問題です。

この兄弟姉妹間の心の問題を、「兄弟間葛藤」と呼びます。この関係がこじれると、

お互いに嫉妬し、憎しみ合い、争い、犯罪にまで発展することがあります。兄弟間葛藤を扱った物語は多く、古くは「創世記」のカインとアベルにさかのぼります。『アダムとイブの二人の息子であるカインとアベルは、それぞれ、農業と放牧を営んでいました。神にそれぞれ供物《くもつ》を捧げましたが、神はアベルの供物《くもつ》だけに注目します。それに怒り嫉妬したカインはアベルを殺してしまいます』。兄弟間葛藤のことを「カインコンプレックス」と呼ぶ所以《ゆえん》です。様々なドラマを生む葛藤心理なのです。

他人との人間関係にも この葛藤が発展する！

先生と数人の生徒や、上司と複数の部下などの間にも、同じような心理的葛藤が繰り広げられます。たとえば学校で、「先生は他の子だけ褒《ほ》める！」と落ち込んでしまったり、会社で「上司に正当に評価してもらってない」と感じて不安になったりするのも、この心理的葛藤がひそんでいることがあるのです。いずれにしても兄弟姉妹間葛藤という人間関係の問題を解決できていない人は、大人になっても、同じような人間関係につまずきやすくなるでしょう。

　では、子どもたちの葛藤に、親はどのように対処すれば良いのでしょうか。もちろん、子どもたちを比較したり、片方だけかわいがるようなことは、決してしてはいけません。

親として、将来自分の子どもたちがどんな兄弟関係を作っているか、どんな人間関係でいてほしいかを考えてみると良いでしょう。

〝兄弟は仲良くしないといけない〟という固定観念を、押し付けないほうが良いかもしれません。いろんな人間関係があっても良い、と考えましょう。

相手を認めるには まず自分を認めること!!

遠く離れて生活していようと、一緒に生活していようと、兄弟姉妹お互いが、相手の存在を尊重し合うことができれば良いと思いますよね。

そのためにはまず、子ども自身が「自分にはこんな良いところがある」と認める力が重要です。自分に自信がないと、相手を本当に認めることはできません。自分の能力を認めることで、お互いを認め合うことができるのです。ですから親は、兄弟姉妹それぞれが自分の長所や能力に気づいていく〝手助け〟をすることが大事でしょう。

その〝手助け〟のためには、親は日頃から、わが子をじっくり観察する必要があります。じっくり観察して、子どもの良いところを〝積極的〟に見つけることが大事です。その子の能力を認め、良いところを見つけ、それを教えてあげると良いでしょう。

自分たちで仲直りするまで待ってみる？

けんかをしている二人が仲直りするまで、グーッと我慢してみるのも良いでしょう。ぎりぎりまで。意外と二人で仲直りする力がついているかもしれませんよ。

二人が仲良く遊んでいるときに、「お母さんは、そういう二人の様子をみるのがうれしい」と伝えることも大事だと思います。目標とするところは「なんとか自分たちで仲直りする」ことですが、気長に待たないといけませんよね。でもそれができるようになったときには、それぞれが自分の個性に自信を持ち、相手も認めることができる、そんな兄弟関係ができていると思いますよ。

子どもをよく観察することが大切！
愛情を注ぐタイミングや量を見極めよう。
なな子の金言！

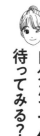

10歳の男の子の母親です。

息子は、父親とほとんど話しません。

父親が職場から帰ってくると、自分の部屋に逃げてしまいます。父親は細かいことを注意はしますが、穏やかな人です。子どもも激しく反抗するわけではありませんが、会話はありません。男の子ですし、今後、父親に相談できると良いと思うのですが…。

お悩みケース 23

子どもが父親を苦手に感じたり、嫌いだと思ったりする例はよく耳にします。

父親というのは、子どもからすると、少し離れた、力を持った大人ですから、怖い相手だったり、叱る人だったりします。イメージがそうなりがちなのですが、なぜでしょう。

父親は母親から子どもの問題点を聞かされる

子育てに積極的な父親は最近増えてきていますが、まだまだ少数派だと思います。日頃、子どもとの接触が少ないため、子どもの状況を母親からの情報に頼ることが多くなります。

一般に母親は、ふだん家にいない父親に

子どものことを相談するときには、子どもと一緒にいて楽しかったことや感心したことを話さず、困ったことを中心に話すことが多いのではないでしょうか。

「最近ゲームばかりしているので注意してよ」とか「算数が苦手みたいなのに勉強しないのよ」など。そうすると、父親の子どもへの評価は厳しくなってしまいます。

「仲の良い友達もできて信頼されているのよ」とか「国語や社会はがんばっている」など、認めてあげる情報を同時に伝えないと、父親は子どもを褒《ほ》めることができず、いつも叱り役です。そうなれば、そんな父親を子どもが煙ったく感じてしまうのも無理はありません。

父親や子どもに それぞれのプラスの情報を！

また、父親のことを子どもに話すときに愚痴ばかりになっていませんか。そうすると、さらに関係は悪化します。「お父さんは仕事ばかりで約束も守らない」とか「私ばかりが忙しい」などと聞いてしまうと、子どもは母親の味方をしたいと思う傾向があるので、父親嫌いに拍車がかかります。

母親は、子どもと父親の双方に、プラスの情報を伝えるように気をつけないといけませんね。

父親の役割を作り 子どもとの時間を設けよう

父親と子どもが共に過ごす時間と、そのきっかけを作るのも大事なことです。幼児期や小学校低学年までは母親的な関わり（つまりお世話をしたり、共感したり）が大事でしたが、年齢が上がってくるにつれて、父親的な関わりも必要になってきます。

習い事の送り迎えや日曜日のスポーツを一緒にするなど、父親の役割を作り出し、任せる時間を設ける工夫を、夫婦で相談してみてください。

「そんな気配りはもうやっている」という場合は成り行きを見守りましょう。

「大学生になって、初めて父親に就職の相談をしてみた」とか「30歳になって、初めて父親とじっくり生活設計の話をした」「50歳になって、父親は良い仕事をしていたなとわかった」などの話を聞くことがあります。

子どものころ、父親とうまくいっていなかったという人も、大人になってから父親との関係が修復できたということはよくあります。気の長い話ですが、無理してもうまくいかないことはあるもので、待つことも大事かもしれません。

母親からの自立を促す役割が父親にはある

しかし「子どもと父親の関係」については、気がかりなことがあります。

ご相談の子どもさんは父親が苦手だということですが、父親的な人、つまり学校の教師や、スポーツチームのコーチ、親戚のおじさんなどのすべてが苦手だということはないでしょうか？

子どもにとって母親以外の第三者は、父親も含め、母親からの自立を促す、くさびのような役割を担う人になります。守り理解してくれる母親的な存在から引き離し、自立させ社会へと導く役目があるのです。

子どもの自立のため 母親が背中を押してみて

もし、そのような役割を持つ人すべてに苦手意識や拒否感を感じていると、子どもさんの社会性について考えないといけないのかもしれません。

子どもは、母親から引き離されることに不安を覚えます。このため、母親からの分離が不十分な子どもには、父親（人生最初の第三者は父親です！）は、自分と母親との関係を引き離しに来る悪者にしか見えなくなります。

母親が子どもの背中を少し押して、「第三者（父親も含めて）に任せる」という意識が大事なのかもしれません。そのためには、母親が意識して第三者（父親も含めて）をサポートするよう、話したり振る舞ったりすることが必要です。その結果、母子密着関係が次第に解消され、子どもは自立していく力をつけていきます。

昔から「かわいい子には旅をさせろ」と言っていたのは、この体験が重要だということだと思います。

父親的なものを遠ざけると子どもの社会性に×《バツ》

反対に、母親が子どものことすべてを管理し、把握し、守りすぎて、人に任せられなくなってしまっていると、知らず知らずに父親的なものを遠ざけてしまいます。結果、子どもから社会を遠ざけてしまうことになってしまいます。

　父親的な役割について、母親はよく理解し、積極的に子どもに働きかける工夫が必要ですね。

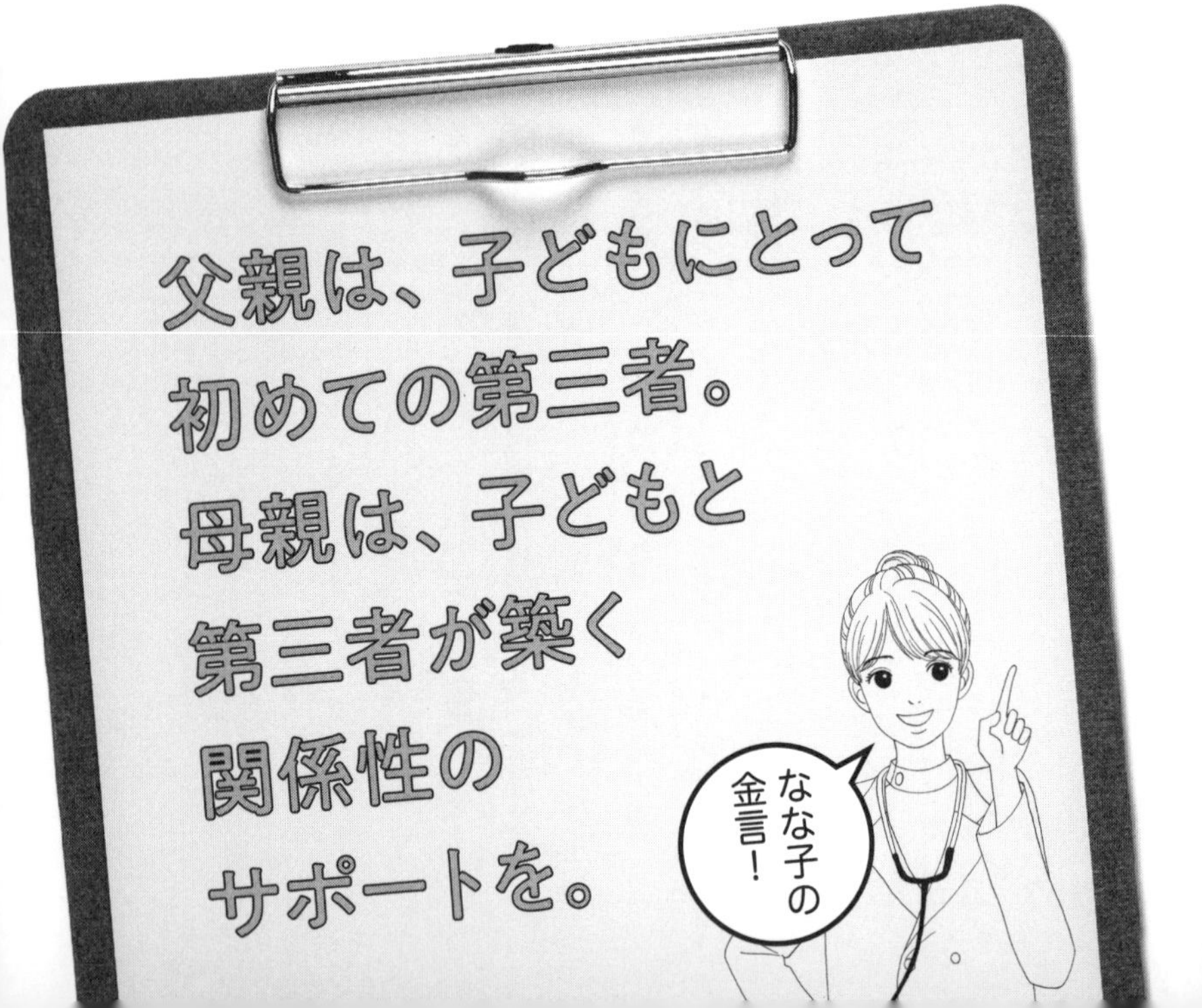

父親は、子どもにとって
初めての第三者。
母親は、子どもと
第三者が築く
関係性の
サポートを。
なな子の金言！

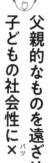

お悩みケース 24

2歳の女の子の母親です。
下に子どもが生まれると上の子は赤ちゃん返りをして、わがままになると聞きます。うちの子も妹が生まれてから甘えん坊になりましたが、それでも度が過ぎているのではないかと思います。少しも私のそばを離れず、泣いてばかりいて、わがままを言うので叱ってしまいます。どうしたら良いでしょうか？

そうですね、下に妹弟ができた子どもは、一時的に不安定になることがありますね。母親を取られたように感じて不安になるのでしょうね。今まで両親や祖父母を一人占めしていたところ、「赤ちゃん」というもっと関心を集める存在が現れて不安になるのでしょう。

そのため母親を一人占めしたいと感じ、妹弟に母親を取られまいといろいろがんばります。泣いたりわがままを言ったりするのですが、これが逆効果で「静かにしなさい！ あっちへいきなさい！ おねえちゃんでしょう！」などと叱られて、さらに不安になってしまいます。

赤ん坊の世話で忙しくても時間をとる!

こんなときは、できるだけ上の子を慰めて不安を取ってあげることが基本です。赤ん坊の世話で忙しい合間に、上の子のための時間をとってあげ、遊んだり話したりすることが大事です。そのちょっとした時間をやりくりすることが重要ですし、効果的です。

しかし赤ん坊の世話で忙しい母親は、上の子の要求を全部叶《かな》えてあげることはできませんよね。「母親がなるべくなだめようとするが、全部は叶《かな》えてあげられない」という状況ができあがります。

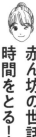

実はこの状況は、子育てをしているとよく出くわします。そして実はとても大事な状況です。「できるだけなだめよう」という母親の気持ちに子どもは安心感を持ち、「でも全部は叶《かな》えられない」ことで我慢や自立を覚えていくことができるからです。

しかし子どもはすんなり我慢ができるようになるわけではなく、母親に怒りと憎しみを持ってしまうことがあります。今まで思い通りに動かせていた母親が自分の思い通りにならないようになり、子どもはイライラと憎しみを感じ、母親を攻撃することもあります。母親はこの子どもの攻撃に気持ちを振り回されて、子どもを憎んだり、怒りを持ってしまってイライラしたりすることもあるでしょう。

子どもは、思う通りにならないし、我慢しなくてはならないので母親を攻撃するし、憎ったらしいことを言ったりしたりします。それが自然なことで、子どもとはそんなものだと理解しましょう。子どもの攻撃に振り回されないようにしましょう。

2歳児が直面する初めての体験とは!?

さて、ご相談のお子さんは2歳ですね。今、トイレのトレーニング中ではないでしょうか? 平均して1歳半から3歳ごろの

二人にまんべんなく
降りそそぐ母の愛
それは歌声
もう歌っちゃいなはれ
泣き声もかき消す大声で

子どもはトイレトレーニングをする時期になります。今まで、好きな時にミルクを飲み、好きな時に排尿排便をしていたのが、決められた場所や決められた時間にトイレをする訓練が始まります。自分の欲求に合わせて排泄していたのに、上手にタイミングを合わせなければならなくなります。**トイレトレーニングは子どもが欲求不満を経験する時期です。**

またトイレトレーニングは、子どもにとって初めて「失敗する」という体験をすることでもあります。失敗を繰り返しながら、自分でトイレができるようになるのです。

失敗して「ちょっと恥ずかしい」という気持ちを体験します。失敗したことを叱りすぎたり、厳しすぎるしつけは、子どもを強迫的に不安にさせたり、恥ずかしい気持ちを植えつけたりします。反対にいつまでもトレーニングしないのも、本人の自立心を育てることが難しくなります。

このように、この時期の子どもは自立と恥を覚えるため、母親との葛藤が強くなりがちです。つまり母親に対して愛情と同時に憎しみも感じるのです。その気持ちをばねにして「トイレの自立」という独立の第一歩を歩み始める時期なのです。

自立と恥の初体験が「下の子」と重なり…

「トイレトレーニング」に加えて「下の子が生まれる」という試練が重なった場合は、さらに子どもは母親との葛藤の気持ちが複雑になります。「母親が急に自分につらく当たるようになった」と感じたり、「冷たくなった」と感じたりしてしまいます。「自分はいらない子だ」と感じる子どももいます。子どもがわけのわからない行動をとったり、わけのわからないわがままを言っても、この時期は当然だししょうがないなあと思いましょう。

特にもともと不安が強い子どもは、この時期の強いストレスを乗り越えることが難しい場合もあります。ご相談のお子さんも少し不安が強いのかもしれません。そんな子どもの気持ちを理解して、受け止めてあげられると良いですね。少し行き過ぎたわがままもしょうがないかなと考えてあげましょう。

「良い子」でも安心できない理由とは？

また、反対に子どもによっては、必要以上に「良い子」になる場合もあります。母親の気持ちを汲《く》み取って、「良いお姉ちゃん」「良いお兄ちゃん」になろうとして過剰に適応しようとしていることもあります。「良い子」でいたとしても、本当は内心葛藤があり、わがままを言いたい気持ちを我慢していることがあります。

その気持ちに気づいてあげられると良いですね。

そして親の愛情を表現してあげることが大事でしょうね。

下の子が生まれて知る
我慢と自立。
年齢によっては
恥の初体験も
重なることを
理解しよう!
なな子の金言!

8歳の女の子の母親です。

子育てについての講演や本の中で、よく「子どもは褒《ほ》めて育てなさい」と言われます。

でも私は、うちの子を褒《ほ》めることができません。

褒《ほ》めようとがんばってみますがうまくいかず、何を褒《ほ》めて良いのかわからなくなります。どうしたら良いでしょうか？

お悩みケース 25

確かに、ただ「褒《ほ》めなさい」と言われても戸惑う気持ちはわかります。叱りつけてばかりいるより褒《ほ》めて育てた方が良いのは当然ですが、本当に効果的に褒《ほ》めるというのは難しいものです。**褒《ほ》めるためには子どもをちゃんと見ていなければなりません。**

子育てで大事なのは「褒《ほ》めること」そのものではなく、「親が子どもにちゃんと興味を持っているかどうか」ということなのです。子どもは、親に興味を持ってもらうことで、初めて自分というものを認識し、自分に自信をつけることができるものだからです。「子どものことに興味を持つ、子どものことを理解しようとする」ことができて、初めて「子どもの良いところを見つける」「そして褒《ほ》める」ことができるので、

「褒《ほ》めて育てよう」という言葉になるのでしょう。

子どもを観察し興味を持っていると伝える

「自分の子どもに興味を持つ」というと〝どんなこと？〟と思われるでしょうが、意外と自分の子どもについては気づいていないことがいっぱいです。

たとえば「お絵描きするとき、どんな色をよく使うのか」とか「妹のお世話をするのは嫌いだけど料理の手伝いは好き」だとかの日常的なことから、「今どんなことに興味を持っているのか」とか「友達には優しい」などの性格や情緒的なことまで、子どもの様々なことについて興味を持つこと、子どもを観察することから始めましょう。興味を持ち観察する気持ちの余裕が大事です。そして「親はあなたに興味を持っているのだ」ということを伝えるのが第一歩です。

子どもに興味を持って観察しているといろんなことに気づきます。母親に話しかけたいけど下の子のお世話で忙しそうなので我慢していたり、母親がきつそうにしていたら心配していたりと、褒《ほ》めることにつながりやすいこともあります。でもほとんどは「お風呂が長い」とか、「歌が好きでいつも歌っている」とか、「数字には強そう」とか、「虫のことにやたら詳しい」など、褒《ほ》めることにつながらないように見えることが多いでしょう。

でもどんなことでも良いのです。「かけっこのスタートが早いね」「虫のことに詳しいね」という「親が子どもに興味を持っていること」を伝える言葉は「褒《ほ》め言葉」と同じような力を持っています。たとえば「歌が上手ね」という褒《ほ》め言葉は要りません。「いつも歌を歌っているのね」という事実を伝えるだけで十分です。「あなたのことを知りたい」と思っている親の存在が子どものよりどころになります。子どもに興味を持っている親は、子どもにとっての最強の応援者になるからです。そして「だんだん歌が上手になっている」と認めてあげることができたら、最高の褒《ほ》め言葉にな

るでしょう。

見つからないときは子ども自身に聞こう

それでも子どもの良いところを見つけることができないときは、子ども自身から教えてもらったら良いでしょう。「今日はどんなことがあった？」と聞くと、子どもは一日の出来事を話してくれます。「算数で割り算を習った」とか「給食当番だった」など、大人にとっては何気ない日常でも、子どもにとっては毎日が新しい体験で、その日常が新しい挑戦です。否定せずに聞いてあげることで、子ども自身が自分の頑張りに気づいていくことができるかもしれません。「こんなことがあったけど我慢した」とか「友達に譲ってあげた」など、子どもの成長を感じるような報告をしてくれるようになるかもしれません。

子どもが、自分はどんなことが得意で何が苦手か、将来どんな大人になるのか、ぼんやり自分の輪郭がわかってくるまで、親が子どもの観察者であり良き理解者であることは、とても大事なことです。子どもが自分に自信を持つことにつながり、自分自身のことを理解するための大きな手助けになるからです。

“褒《ほ》める”と“おだてる”はまったく違うもの

子どもは、心の底では自分に可能性があることを信じ、それを認めたいと思っています。でも本当に自分に可能性があるのか、知ることはできません。親に認めてもらって、初めて自分にも可能性があると心から信じることができるのです。

しかし安易に褒《ほ》められ続けて育つと、子どもは自分だけが他の人以上に有能な人間だと思い込み、少ししか努力しないのに、自分だけが評価されるべきだと考えてしまいがちです。

「褒《ほ》める」ことと「おだてる」こととは子どもにとってまったく違うものなのです。そのような褒《ほ》められ方で育った子供が社会に出たとき、思うように認めてもらえないとすぐにやる気をなくしてしまい、仕事を辞《や》めてしまうような例があります。「安易に褒《ほ》める」ことは「おだてる」ことになってしまい、「子どもが困難に立ち向かえるようになること」や「子どもが自信を持つこと」にはつながらないということは理解しておいた方が良いでしょうね。

お母さん自身が自分の良いところを認める!

さて、**子どもを褒《ほ》めることが苦手だと感じている親は、自分を褒《ほ》めることも苦手なのではないでしょうか?** 母親自身も、自分の良いところを見つけられないと感じて不安になっているのかもしれませんね。子育てはエネルギーのいる仕事です。母親として毎日忙しくしているだけでも、日々がんばっているのでしょう。自分のやっていることを母親自身も認めて、自分をねぎらってあげることができるといいですね。

自分自身を認めて初めて、相手を認めることができるのではないでしょうか。

親が子に興味を
もっていると
伝えるのが第一歩。
子どもの自信も
育っていく!
なな子の金言!

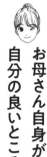

精神科医母さんのひとりごと②

子育ての間、子どもたちと一緒にいろんな生き物を飼育した。

最初は祭りの夜店ですくってきた金魚だった。亀も数匹飼った。夏休みはカブトムシが定番だった。ある年はカマキリを大事に飼った。しかしカマキリは逃げ出し、家の中に卵を産みつけたらしく、次の春には、部屋の中はミニカマキリだらけになった。

長男がひよこをもらってきたこともある。あっという間にりっぱなオンドリになった。早朝に高らかに時を告げるので、鳴き声が大きくなってからは住宅街で飼うのは無理になった。市内の学校をいくつもまわり、やっと引き取ってくれる小学校を見つけ、預けることにした。その後何度か小学校に〝うちのオンドリ〟に面会に行ったが、残念ながらオンドリは全部同じに見えて区別がつかず、大笑いしてしまった。

最後に飼った生き物は、次男にせがまれて買ったシマリスだった。「手乗りのシマリスは短命ですよ」と注意を受けたが、思いのほか長生きして、私達親子を癒してくれた。ヒマワリの種を両手で受け取るしぐさや、車輪の中を走りながら居眠りしてしまう様子は、なんとも愛らしかった。最後は眠るように死んだ。子どもが動かなくなったリスを手のひらに抱えて大泣きする様子に、私ももらい泣きしてしまった。

いろいろな生き物を育てるのは大変だったけど、そのたくましさと命の不思議を教えてくれた。子どもたちは、手のひらの上の〝命の重さ〟を心に刻んだに違いない。

5章

もうすぐ離婚するのですが

こんな世の中で子育てできるの?と不安になったときの相談

将来の夢を見つけられず、息子が悩んでいます

息子が学校でいじめられないか不安で…

いじめを見るのが辛いと娘が学校嫌いに…

「女の子として生きていく」と、息子の告白

もうすぐ離婚するのですが

精神科を受診するタイミングが知りたいです

お悩みケース 26

中学2年生の男の子の母親です。
子どもが将来のことで悩んでいます。
「『自分のやりたいことを見つけよう』と言われても、やりたいことが見つからない。将来何になったら良いかわからない」と言います。どんなアドバイスが良いでしょうか？

中学2年生のころになると、高校への進学も見据え、職業選択の授業などがあって、学校でも将来のことについての話題が増えてきます。そんな中、自分のやりたいことが見つからないと、子どもは不安になることもあるでしょうね。

でも一般の大人に聞いてみるとわかりますが、10代の前半で自分の将来の展望ができている人などほとんどいないし、いたとしてもほんの一握りでしょう。

一部のスポーツ選手や芸術家は、小さいころから持っていた夢を実現させていますが、ほとんどの大人は、そのころ明確な目標を持てず、ボーッと何も考えずに過ごしていたというのが正直なところでしょう。

たとえ夢を描いていたとしても、その通り

になることは少なく、思い通りにならないのが人生だ、と答えるはずです。

そして本当にやりたいこと、面白いことは、実際に仕事を始めて、その仕事の中身がよくわかってから見つかるものではないでしょうか。

とは言っても子どもにとっては、「自分が何をしたら良いかわからない」と感じていると、進路を決める時や将来のことを考える時など、そのたびに不安になってしまいますね。子どもが将来のことを相談してきたら、一緒に考えてあげることは大事でしょう。

まずは＋《プラス》を探してみる
次に－《マイナス》ではないものを

まず「自分のやりたいこと」は、むやみに考えたり探したりしても見つからないものです。それに、まだ社会の仕組みや実際の仕事の内容も詳しくは知らないのですから、将来のことを決定するための情報を十分持ってもいないのです。

ですから今できることは、現在やっている勉強や習い事、趣味や興味のあるものの中から、好きなものや嫌いじゃないものを選んで行くことでしょう。

たとえば、自分は「動物のお世話はできそうだ」とか、「コンピューターに興味がある」とか、「宇宙のことは好きだ」とか、自分の嗜好の方向や向き不向きに気づいていくことから始めると良いでしょう。もちろん、それがすぐに職業につながるわけではありませんが、おおまかな自分の興味の方向性はわかります。

もし、ちょっとした興味のあることや好きなことが全く見出せなかったら、次は嫌いなことを消去していく方法があります。

「手先は不器用だから細かいものづくりは無理だ」「数字は嫌いだから、会計の仕事はいやだな」など、自分の苦手を確認していくことも、自分のことを知る良い方法ですね。自分の将来像が絞られていきます。

このように、自分のやりたいことがわからなくても、自分の身近な興味や苦手を知ることで、少しずつ「自分」というものを知っていくことができます。自分を知っていくことの延長線上に「自分の将来像」が見えてくるでしょう。

夢と現実の能力の乖離《かいり》を認識し傷つく時期

また反対に、この時期は今まで持っていた自分の大きな夢がだんだんしぼんでいく時期でもあります。大きな夢を持っていても少しずつ現実の自分に気づきはじめ、壁にぶつかり、一つ一つ夢をあきらめていく時期です。

たとえば、幼児期や小児期は自分のやっている興味や憧れがそのまま自分の夢になります。「オリンピックの選手になる」や「ノーベル賞を獲る」などの夢を持ちますが、現実の自分はそこまでの力がないことに気づいたり、そこまでの情熱がないことがわかったりして、少しずつ現実的な将来像を描いていくようになるものです。また少しずつ社会の仕組みも見えてくるため、世の中で自分の立ち位置もぼんやりと意識していきます。

その過程は、自分に少しがっかりして傷ついていく作業でもあります。自分の能力や自分の容姿を客観的に受け入れていく時期です。思春期の子どもが傷つきやすいのは、受け入れがたい現実と向き合わねばならない時期だからというのも、一つの要素でしょうね。

将来の自分を思い描くことは自分を知ること

しかしこの現実の受け入れがうまくいかないと、30代40代になっても夢の修正ができず、等身大の自分のままでは社会に出ていけなくなります。

たとえば、30代40代になってもなかなか通らない試験を受け続けたり、自分の容姿が醜いと思いこみ社会の中に出ていけないなど、引きこもってしまう原因の一つにもなりかねません。思春期にしっかり現実を受け入れることはとても大事ですね。

つまり「将来の自分を思い描く」ということは「自分を知る」という行為なのです。「親が期待する自分像」ではなく、「自分が理想とする無理な自分像」でもなく、ありのままの自分を受け入れ、「等身大の自分」を探していく作業なのでしょう。

子どもが自分で気づくよう手助けをすること

そういう視点を持って子どもの将来について考えてみると、親ができるアドバイスは少なく、できるのは子どもの自分探しをちょっと手助けすることくらいでしょう。子どもが時間をかけてじっくり考え、自分のことを自分で気づいていくことが大事なのです。

　親も意外な子どもの一面に気づくかもしれませんね。

興味や苦手を自分で発見していくことは、等身大の自分を探し、時に傷つきながらも受け入れていく作業。
なな子の金言！

6歳の男の子の母です。

子どもは来年小学校に入学です。

新聞やテレビで見ると、小学校の話題は「いじめや自殺」などの事件が多く、子どもが小学校に入学することが不安でたまりません。

子どもがいじめられるのではないかと心配で、学校での様子を毎日見に行きたいくらいです。子どもは学校に行くことを楽しみにしていますが、私は気分が重くなってしまいます。どんな風に考えたら良いでしょう。

お悩みケース 27

母親が子どものことを心配するのは当然のことです。特に新しい環境に入っていく子どもを送り出すことは、親にとっても新しい体験なのですから、心配になって不安に感じてしまいますよね。

一方、子どもさんは「学校に入学することを楽しみにしている」のですから、頼もしいですね。子どもは新しいチャレンジをすることに楽しみを感じるものですし、新しい環境になじんでいく力をもっています。

チャレンジさせないことはある種の「虐待」！

そんな子どものことを、親が程々に心配するのは当然ですが、心配しすぎるのは子どもに不安を与えてしまい、元々持っているチャレンジする力を奪ってしまうという一種の「虐待」になりかねません。

「愛情をもって子どものことを心配することが『虐待』?」と思われるかもしれません。でも「あなたのことが心配だ」「あなたのことがとても不安だ」と子どもに伝えることは、「あなたのすることは私を不安にさせる」「あなたは信頼できない」というメッセージを発信していることにもなりかねません。

また「心配のあまり、経験させないこと」や「用心しすぎて子ども同士のことをチェックしすぎること」は、「あなたは一人では何もできない」と伝えることになってしまいます。つまり本人を否定していることになり〝自信を奪う〟という「虐待」になるのです。そしてそれは、親が自分自身の不安に耐えられず、子どもに親の不安を押しつけていることにほかなりません。ここは自分の不安をぐっと我慢して、子どもがどんな小学校生活を始めるのか、見守ってあげませんか?

いじめは、子どもの世界に特有なのではない!

さて、最近の学校でのいじめ問題が深刻なのは確かですね。「いじめ」はとても定義の幅が広く、〝嫌がらせ〟や〝仲間はずれ〟から〝恐喝や暴力〟などの凶悪なものまで、本当に様々です。ですから、親は心配のしすぎはダメですが、もちろん子どもから目を離してはいけません。「親がちゃんと見守ってくれている」と子どもが感じられるようにすることは大切ですね。

いじめはもちろんあってはいけないことですが、「いじめをやめろ!」と正論を唱えても解決にはなりません。大人の世界でも、モラハラ・パワハラ・セクハラ・マタハラなど、いじめと思われる問題がたくさんあります。子どもの世界は大人の世界の縮図です。子どもの世界からいじめをなくすことは、社会全体で取り組む必要がありますし、まだまだ大人も子どもも粘り強い努力が必要だと考えたほうが良いでしょう。

トラブルを人に相談できる力を身につけて！

自分の子どもがいじめられることはとても心配ですが、「子どもが人とのトラブルに対しての対処法をしっかり学んで、社会の中でたくましく生きる力を身につけてほしい」と考えた方が、子どもの成長に役立つのではないでしょうか。

まず手始めに身につけてほしい力は、「人に相談することができる力」です。

今回ご相談の子どもさんは、来年1年生です。もし何か困ったことがあったとしても、小学校1年生のトラブルはまだまだかわいいものが多く、「ものを隠した」などのいたずらや、「誰々ちゃんが一緒に遊ばないと言った」などの仲間はずれがほとんどです。そういうとき、親としてどうしたら良いでしょうか。

相談相手がいる＝《イコール》子どもにとっての安心感に

まず、「それは困ったねえ」とか「そんなときはどうしようか」などと、一緒に考えてあげてください。たとえ、うまい解決法が見つからなくても構いません。大事なのは、一緒に困っ

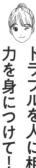

たり悩んだりすることです。「身近に相談相手がいる」ということが子どもにとっての安心感になり、それこそが重要なことです。その経験が将来、子どもが「人に相談する力をつける」ことになり、「人にSOSを出すことができる力」をつけることにつながります。

そして子どもさんが、自分を困らせる相手に対して「止《や》めて」とか「嫌《いや》だ」と自分の意見を言えるようになることも、トラブルを避けるために必要です。「上手に嫌《いや》だと言う」練習もしてみると良いですね。

さらに学年が上がっていくと、先生や友達に相談できるようになります。そうすると、いろいろな人の意見や考えが手に入ります。このように問題解決の力を自分で身につけていくということが、本当に大事な解決方法だと思います。

子どもが安心して相談できる親を目指そう！

ひとりで悩んでしまっている子どもに、「親に相談しない理由」を聞いてみると、多いのは「親に心配をかけたくない」というものです。これは反対に考えると「親は心配するのでちょっと頼りない」とか「親は相談されても困るだろう」と子どもが判断したとも言えます。もしかしたら、「親に相談するといろいろ口を出すので面倒くさい」というのもあるかもしれませんね。

いずれにしても、子どもが自分の問題を誰にも言えずに抱え込んでしまうことは大きな事態に発展するものです。

ここはひとつ、子どもが相談してくれるような親を目指してみましょう。ただ批判せずに「聞く耳」を持つだけで良いのですから。

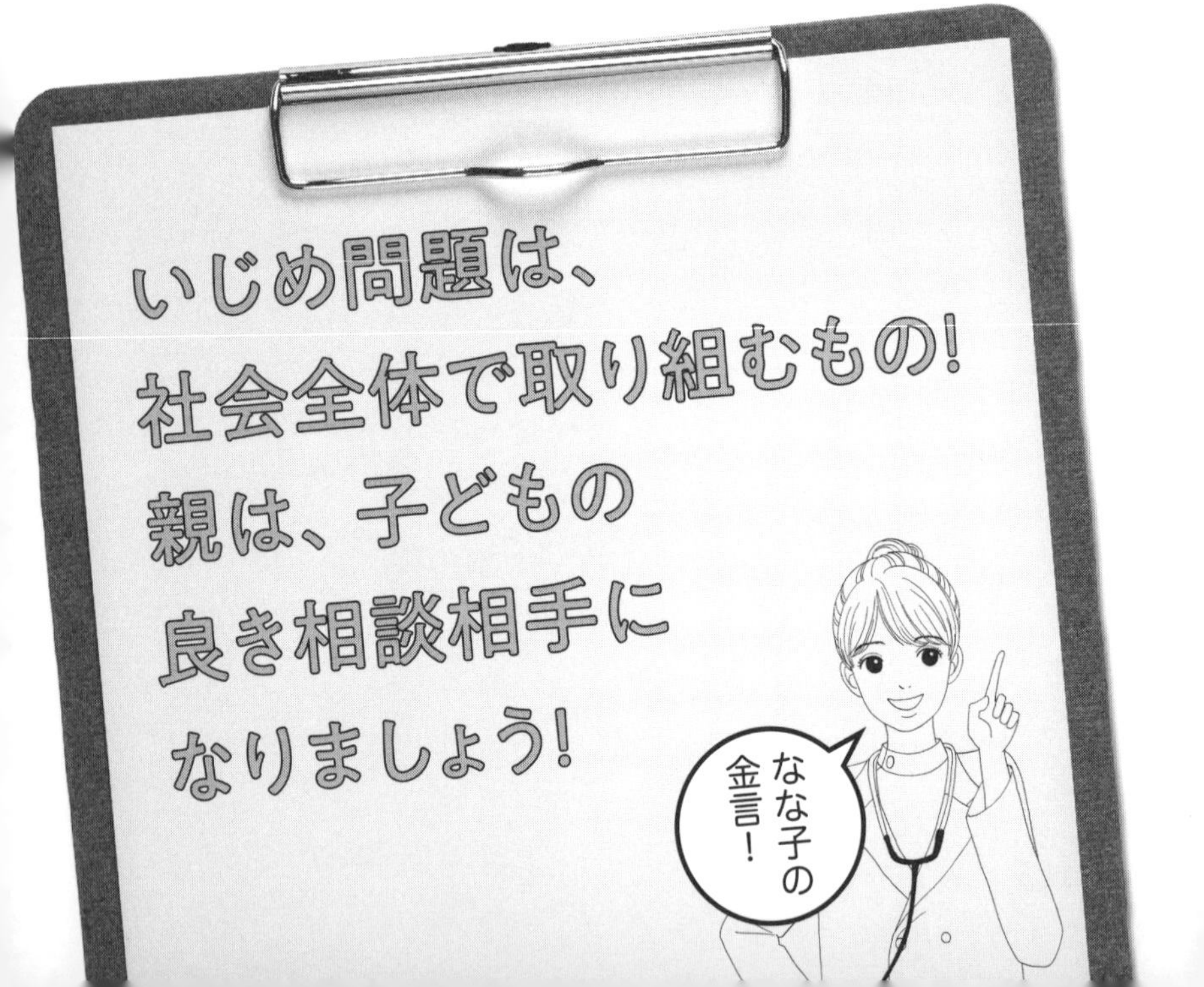
いじめ問題は、
社会全体で取り組むもの！
親は、子どもの
良き相談相手に
なりましょう！
なな子の金言！

お悩みケース28

中学2年生の女の子の母親です。最近娘が学校に行きしぶります。理由を聞くと、クラスで「いじめ」があって、その「いじめ」の現場を見ているのが嫌なので学校に行きたくないと言うのです。娘自身はいじめられているわけではなく、当事者ではないそうですが、何もできずにただ見ているのがつらく、学校が嫌だと言います。どうしたら良いでしょうか。

「いじめ」の問題は、親が考えているよりもずっと、子どもたちにとって身近で深刻な問題です。**どんな子でも何らかの形でいじめに関わっており、どんなクラス・どんな学校でも、いじめが起こっていると考えた方が良いと思います。**

被害者でも加害者でもない傍観者への影響は

いじめられている〝被害者〟でもなく、いじめている〝加害者〟でもない第三者を〝傍観者〟と呼びます。いじめをそばで見せられている〝傍観者〟も、いじめの関係者であり被害者です。いじめが傍観者の心に与える影響は決して小さいものではないからです。

ご相談の子どもさんは、この傍観者の立場に立たされている様子ですから心配ですね。どうしたら良いか一緒に考えてみましょう。

複雑化かつ深刻化する現代の子どものいじめ

いじめの実態は複雑で、典型的な「仲間はずれ・無視・悪口」から、ネットによる「中傷」や、暴力や金品のたかりなどの犯罪に当たるものや、物を隠すなどの陰湿なものまで様々です。

そして、ちょっとしたことでいじめられるターゲットは替わりやすく、被害者と加害者が入れ替わることもあります。

またSNSを使ったいじめはさらに匿名性が高くなり、陰湿になりやすく、より深刻になります。

加害者が暴力や虐待の被害者である場合も…

いじめの問題はそれに関わる人たち全てが影響を受け、それぞれが問題を抱えています。

たとえば、いじめの加害者が持っている課題は「人の痛みがわからない」という共感性のなさや、「思うようにならないと人を攻撃してしまう」というような自己中心的な考えを持っているところです。自分の行動の間違いに気づくことができません。そのような子は、友達や家族から、暴力や虐待を受けていることもあります。発達の問題を抱えていることや、社会からの被害者であることもあり、場合によっては治療が必要なこともあります。

また、いじめの被害者の場合は自分から助けを求めることができないことが多く、なるべく早くそのいじめの中から救出してあげることが重要です。

精神的な影響を最小限にして、いじめの現場から離れ、安全な環境を整えることが大事でしょう。そしてその傷を癒しながら

対処法を学んでいかないといけません。

傍観者が受ける影響…罪悪感・無力感・不安も

ご相談の娘さんは傍観者としていじめに関わってしまっておられるようです。子どもはいじめの現場を見ているだけでも心に影響を受けてしまいます。

たとえば、いじめを止められなかったことに罪悪感を感じ、自分を責めてしまうこともあるでしょう。何もできないことに無力感を感じることもあるでしょう。

また、いじめを見ているうちにその状況に慣れて〝いじめられている子〟への共感性を失《な》くしてしまい、加害者の仲間に入ってしまいそうな不安も持ちやすいようです。

加害者に対していじめを止めようとしたり、被害者の肩を持つことで自分がいじめられるかもしれない、ということを恐れるかもしれません。

子どもさんがいじめの環境の中でどんな悩みや不安を持っているか、確かめてあげると良いでしょう。そして、そんなクラスの中のいじめの環境から逃げ出したいと考えるのは、当然のことだと教えてあげましょう。

大人社会でのいじめは解決できているのか？

さて、私たち大人の社会を考えてみると、ある意味私たちもほとんどが傍観者です。とても身近なところで、パワハラ・セクハラ・虐待・DV・高齢者へのいじめなど、いじめの構造は社会のいたるところに見られます。心は痛めていても、具体的に何ができるかというとわからないことが多く、無力感を覚えてしまいます。

大人も悩むような状況に、娘さんが「どうしたら良いかわからない」と思うのは当然のことだし、娘さんに「こうしたら良い」という助言は難しいでしょう？

そんないじめ社会の中で「自分たちにどんなことができるか」や、「どう考えると良いか」を話し合ってみたらどうでしょうか。

「正解」が目的ではなく「できること」を考える

正解があるわけではありません。「悩んでも当然だ」ということ、「大人だって見て見ぬふりをしてしまうこともある」ということ、「何もできないときもある」ということなどを伝えると良いと思います。

そして「どんなに些細《ささい》なことでも良いので、自分に何かできることはないかを考えること」が大事なのだと思います。

家族で話し合った結果、今回のいじめの問題を学校に伝えて、クラスの中で解決してもらうように促せると良いですね。

いじめの環境の解消は簡単ではなく、時間がかかるものです。

しかし、いじめの被害者の救済は、少しでも早いほうが良いでしょう。

いじめは大人社会でも
解決は困難。
些細《ささい》でも、自分に
何かできる
ことがないか
考えよう。
なな子の
金言！

中学2年生の男の子の母親です。
息子が「僕は、気持ちは女の子で、これから女の子として生きていきたい」と言いだしました。小さいころから女の子の遊びが好きな子でしたが、それを聞いたときにはやはりショックでした。どう考えて良いかわかりません。

お悩みケース 29

突然子どもから、自分の性別に違和感があると告げられたら、親として驚き悩んでしまうのは当然でしょうね。

子どもによっては、小さいころから「男の子なのに女の子の洋服を着たがる」とか「女の子なのに男の遊びしかしない」など、親もうすうす気づいていることもありますが、自分の性別に違和感を持っていても、まったくそぶりにも見せない子どももいます。うすうす気づいていたとしても、はっきり子どもから告げられたら、すぐに理解を示し、納得することは難しいことでしょう。

しかし、ここで「そんなことは信じられない」「そんなはずはない」とか「今だけの気のせい」などと否定的な言葉をかけたり叱りつけたりすることは、ぜったい止《や》めたほうが良いでしょう。子どもは、行き場をなくし絶望してしまうこともあります。そして親に対してわかってもらうことをあきらめ、心を開かなくなってしまいます。

親としてできるベストのことは何？

たとえば「今はわからないので、少し時間をちょうだい」とか「これから理解したいと思う」と伝えることができたら良いですね。

子どもが「自分の性について誰かに相談する」ということは、悩みぬいた上で、勇気を出して行った行為だと思います。そして、わかってくれるだろうと期待を持ってカミングアウトしたに違いないのです。

誰に最初に相談するかは、子どもが誰を信頼しているかによります。信頼していた友達や親、最近では教師など様々ですが、親に相談できる子どもは多くはありません。自分の居場所がないと絶望したり、ひとりで悩みぬいたりせず、親に相談してくれたことをまずは安心するべきです。「自分は死んだ方がいい」と思い詰めてしまう子もいるからです。そして一番理解してくれることを期待して話してくれたことを考えると、そのときどんなに困惑したとしても、いきなり否定しないことは、とても大事なことでしょうね。
そして親がどんなに否定したり説得したりしても、子どもの「性別への違和感」は現実としてあることに変わりはなく、自分の子どもが昨日までの子どもと変わったわけでもないのです。子どもがそんな風に感じるという事実を受け入れていくことを、考えないといけないということでしょう。

「LGBT」について知っておくべきいろいろ

さて、セクシャルマイノリティーをまとめて、LGBTという分類の仕方があります。Lはレズビアン女性、Gはゲイ男性、Bはバイセクシャル男性・女性、Tはトランスジェンダーのそれぞれ頭文字をとって表現されています。LGBTは「性的指向」と「性自認」の概念をまとめて表現されています。

「性的指向」とは、性愛や恋愛の対象が男性に向くか女性に向くか、あるいは男女両方に向くかを示しているものです。思春期になって気づいてみたら同性に関心を持つようになっていたという場合が多く、本人の意思や選択で決まるものではありません。一方、トランスジェンダー「性自認」とは、「性同一性」とも表現されますが、身体の性と自分が認識する性別〈いわゆる心の性別〉とが一致しない状態のことを言います。

ご相談の子どもさんはトランスジェンダーだと自覚していると思われますね。身体は男として生まれたけれども、自分は女だと認識しているため、自分の体に違和感を覚え、自分がおかしいのではと葛藤します。将来、自分がどのように生きていけば良いのか、悩みは大きいと思います。身体の性をどこまで自分の性別に合わせるのか、どんな仕事を探していくのか、戸籍を変えるのか、パートナーをどうやって見つけていくのか、社会の中で生きていくのに大変なことはたくさんあると思われます。

最近、性的マイノリティーに対する理解はずいぶん深まっているとはいえ、まだまだ厳しい現実は実際問題としてあることでしょう。親が「これから理解を深めていこう」「一緒に考えていこう」と伝えてあげることができたら、子どもにとっては不安も軽減し、生きるための強力なサポーターになるでしょう。

多様性を認める感性が人として大切なこと！

LGBTが国内でどれくらいの割合かは、正確な数字の測定は困難ですが、おそらく3％から6％くらいだと考えられています。学校の教室で考えると、一つの教室に1～2人の割合ですから、実は身近な問題なのです。人の性への多様性は、あいまいで様々であり、LGBTにもあてはまらない人もいます。一人として、同じ性自認、性指向の人はいないわけで、多様な性のあり方があるのです。「人は男と女の二つではない」とも言えます。その多様性を受け入れ、認めていく感性は、すべての人に必要なことなのです。

相談は信頼の表れ。
親が理解することで
子どもの強力な
支えになる!
なな子の金言!

お悩みケース 30

11歳の男の子と9歳の女の子の母親です。
いろいろな理由から夫との離婚を考えています。
夫とは、ここ数年不仲でしたが、子供たちにどんな影響が出るか心配で、今まで離婚はしませんでした。しかし今回、とうとう離婚することになりました。
子どもたちになんと言ったら、不安にならずにすむでしょうか。

「親の離婚が子どもに影響しないようにする」ことは、無理です。

親の単身赴任、親の転勤による引っ越し、共働き、親の病気、親の不仲…どんなことでも、子どもは親の状況に影響を受けながら育っていくものです。

特に離婚は子どもにとって大問題です。子どもに大きな影響を与えることは覚悟しなければなりません。

離婚をどう受け止めるかは親の対応しだい

しかし、親の離婚を子どもがどんな風に受け止めるか、どういう影響を受けるかというのは、その子どもの性格や受け止める力、親の対応によって大きく変わってきます。対応する上で注意するべきことを考えていきましょう。

まず大事なことは、子どもに「たとえ環境の変化があっても、親はあなたたちを見捨てない」ということをはっきり伝えることです。

子どもが親の離婚を聞いて、何が起きているか疑問に思ったり、不安になったり、怒りを持つことは当然だと考えなくてはなりません。

「どうしてそうなるの？」「自分のせい？」「住むところはどこ？」「父親・母親どちらと住むの？」「お金は大丈夫なの？」「父親と会えなくなるの？」などなど。子どもは、疑問と不安でいっぱいになります。

子どもは敏感…だからきちんと状況の説明を

子どもの年齢にもよりますが、11歳と9歳であれば、よく説明してあげると理解できる年齢です。その一つ一つの疑問になるべくていねいに答えてあげることが、子どもの不安を最小限にする方法だと思います。

「まだまだ子どもだから、心配かけないように何も知らせない方が良い」と考えてしまいがちですが、かえって逆効果なのです。

子どもは親の様子に敏感ですから、状況はわかっています。わかっていても聞けないので、不安が増してしまいます。隠さずちゃんと説明した方が、良い結果になると思います。

子どもは親の離婚を当然悲しみます。ですが、親の考えと今後の生活に関しての予想をきちんと説明することで、子どもが持つ、見捨てられる不安や今後の生活への不安を減らすことができます。

子どもはかなり具体的に心配していることが多いので、離婚とはこういうことで、「〇〇と暮らすことになる」「△△に住む」「お金のことは心配いらない」など、ていねいに教えてあげると良いでしょう。

子どもの様子を観察し気持ちをしっかり聞く

さて、次に大事なことは、子どもの様子を観察することです。子どもは両親の離婚を、自分の力不足だと感じることがあります。「自分のせいでこうなった」とか「自分の力で何とか離婚を避けることができたんじゃないか」と考えてしまい、自分を責めてしまっていることが多いようです。そのいわれのない罪悪感で、子どもの気分が沈んだり、不安が高まったりすることがあります。

そんな場合は、子どもの気持ちをしっかり聞いて、「あなたのせいじゃない」と伝えてあげましょう。

また、親が子どもを相手との連絡係として使ってしまうこともよくあります。子どもにとっては、言いにくいことを伝えなくてはならなくなったり、両親それぞれの秘密を知ってしまって困惑したり、板挟みになったりして、さらに苦しめてしまう結果になることがあります。十分に注意しましょう。

離婚したら親同士は他人になります。ですが子どもにとって親はあくまで親です。相手に対しての非難や悪口は子どもを傷つけることになるので避けましょう。子どもはどちらの味方でもない、と考えることが

大事です。

親が不安定だと子どもも同じく不安定になる

そして、子どもが不安定になり怒りをぶつけてくるのは当然だ、と考えることが重要です。

不安のため、いつもよりわがままになったり、攻撃してきたり、怒りっぽくなったとしても、かわいそうだと甘やかす必要は決してありませんが、落ち着くまではある程度しょうがないことだ、と考えましょう。

別々の生活が定着し、子ども自身が安心して生活できると感じたら、子どもも安定してきます。親自身が不安を解消して、安定することが大事ですね。

冷静な第三者の存在が子どもの安心につながる

もしできるなら、両親以外の第三者で子どもが相談できる大人がいると、さらに良いと思います。

離婚の前後はどうしても両親は感情的になりがちで、子どもの話を冷静に聞くのが難しいことが多いようです。両親のどちらの味方でもない人、たとえばスクールカウンセラーや学校の先生などに相談ができると、子どもは安心するかもしれません。

いずれにしても、両親どちらも覚悟を持って子どもと向き合ってください。そして楽しく子育をしてください。そうすれば、子どもへの影響もきっと良い方向に向かっていくでしょう!!

親の状況は必ず、
子どもに影響を及ぼす。
その影響を良い方向に
するよう最大限の
努力を!
なな子の金言!

お悩みケース31

15歳の女の子の母親です。
毎朝、腹痛を訴えます。休んでゆっくりしていると、昼ごろになると症状は軽くなります。そしてまた次の朝に腹痛を訴える、ということを繰り返しています。内科を受診しましたが異常はないとのことでした。心療内科や精神科の受診を勧められましたが、悩んでいます。精神科はどんなタイミングで受診したら良いのでしょうか。

最近はずいぶん敷居が低くなったといわれますが、まだ精神科を受診することには抵抗感を持っている方も多いと思います。

でも、子育てで困ったり悩んだりしたときや、カウンセラーや教師に勧められたら、あまり難しく考えずに精神科を利用してもらいたいなと思います。

子どもは大人と比べて、心身ともにまだまだ未熟です。私たちの心は、脳（中枢神経）を含んだ身体全体の機能と考えられていますが、脳の機能が十分に成熟するのは青年期以降の年齢だと考えられています。特に感情と重要な関係のある脳の部位は、痛みと関係する部分と自律神経の中枢とに近いところにあります。そのため、脳の機能分化が十分でなかったり、強いストレスや不安感などを感じたりすると、自律神経系の乱れや痛みの感覚が刺激されてしまうことがあります。

そして思春期の子どもは、心に悩みを持っていても、それを言葉にすることがうまくできずに、身体の症状（自律神経失調症状や身体の痛みなど）になって現れることが多くなります。このような場合も精神科で対応することになります。ぜひご相談のお嬢さんも精神科を受診してみることをお勧めします。

早めの受診で解決の手がかりを得るかも

さて、子どもは、できるだけ親子とも安心した気持ちで、安定した家族環境で育っていく方が良いに決まっています。親はできるだけ自信を持って子どもに向き合い、子どもはできるだけのびのびと安心して育つ環境が理想でしょう。ところが実際はなかなかそうはいかず、親子とも余裕のない状況と不安な気持ちの中で子育てがなされていることが多いですね。

親は気持ちも時間もゆとりが持てず、自分の子育てに自信が持てず、子どもも忙しい毎日を過ごし、どちらもイライラしがちです。そしてお互いぶつかってしまいます。最近よく新聞などで虐待による子どもの死亡が報道されますが、その究極の結果かもしれません。そしてそれは氷山の一角かもしれません。

そこまで追い込まれなくても、家庭内の暴力や、引きこもりや、家族の中の断絶やネグレクトなどは、おそらくかなりの数になると予想されますね。「そんな悲しい結果になる前に、どこかに相談できなかったのか」という言葉はよく聞かれますが、当事者は感情に振り回されて視野が狭くなってしまい、冷静な判断ができなくなっています。ですから追い詰められた気持ちになる前に、できるだけ早めに相談できる機関に行かれることをお勧めします。精神科を受診することで、何らかの答えを得ることができるかもしれません。

というより、何らかの答えやヒント、開き直りの方法などを得られるまで、相談者を見つけたり、病院を探したりすることをお勧めします。子育てに悩んで、自分自身を追い込んでしまったり、落ち込んでしまったり、子どもを傷つけてしまう前に、それを回避する方法を手に入れることができるのではないでしょうか。

精神科とは どんなところなのか？

実際に精神科を受診しに来られる親や子はどんな相談があるかというと、まず小学校に入る前の子どもさんの場合は発達の問題を心配して来られることが多いようです。幼稚園や保育園

子どもだけで相談に訪れることも・・・
この頃母がみょーにイラつくのでまいっております
原因は妹の離乳食の食わずぎらいと私の幼稚園への行きしぶりでしょうか
か…かもね～
…ないね。

での生活に適応できない、思い通りにならないときのかんしゃくの激しさ、落ち着きがなく危険な行為が多いなど、生活上で困ったり、今後のことが不安になり相談に来られます。

小学校高学年ごろからの相談は、学校生活への不安が中心になります。友達との関わり方がわからない、集団行動ができない、周囲の目が気になって緊張する、勉強についていけないなど、学校生活全般への不安を相談されることが多いようです。身体の症状になって出るのもこの時期の子どもさんが多いと感じます。

そういう問題は、子どもの成長をゆっくり待っていると少しずつ解決するものも多いのですが、親はどうしても不安が高まってしまい、子どもの様子に我慢ができなくなってイライラをぶつけるなど、気持ちが不安定になります。子どもは、うまくいかないいらだちや親の不安を敏感に感じ取って、自分自身を否定的に考えたり、乱暴に振る舞ったりして、さらに事態を悪化させてしまうこともあります。このように親と子の関係の悪化が問題の中心の場合も多く、こじれた親子関係の改善も精神科では治療の対象にします。

親子の心の問題を整理するために

たとえば、誰も手助けをしてくれない孤立感を抱えて育児に疲れた母親と、自己主張をし始めた2歳ごろの子どもというのは、なかなか厳しい組み合わせです。親がイライラしてしまうと子どもはさらに不安になり、ヒステリックに自分を主張するため、親がさらに怒りを募らせるという悪循環に陥ります。

また、親に対して批判的になり、行動も広範囲になってくる思春期の子どもと、家族の問題が複雑になってくる40代以降の母親との組み合わせも、親子関係に危険をはらんでいます。夫が仕事で疲れていたり、親が高齢で介護の問題があったり、自分や家族の健康問題もあったりと、40代以降の母親は多くの心配事を抱えがちです。そこに子どもが友達関係のトラブルを抱えていたり、学校への行き渋りがあったりすると、母親は不安に耐えられないと感じるようになります。このような親と子の関係の改善を図ることで問題が整理され、解決していくこともよく経験することです。

親が楽になるだけで受診には意味がある

さて、子どもを精神科に受診させるときによく経験するのは、「子どもはあまり治療に積極的ではないことが多い」ということです。子どもはあまり困ったことだとは思っておらず、本人は何も治す必要を感じていません。「困っていると感じるのは親だけ」ということも多く、場合によっては担任の先生だけが困っているということだってあります。

このようなことは精神科の外来ではよくあります。子ども自身は困っておらず、親や教師だけが困っているというような場合も、本人にとって危機的な問題が隠されていることが多いのです。ですからこのような場合も精神科での重要な治療の対象になります。

親だけが受診したり、相談に訪れたりすることはよくあるのです。相談することをあきらめたり、我慢したりしないでください。「親自身が楽になること」も、子育ての場面ではとても大事なことだと考えて、親だけでも受診してみてください。

精神科の施設でも、子どもを積極的に診

あまり難しく考えず
早めの精神科受診を。
ヒントや手がかりを
得られるまで
探し続けるのも
よし!
なな子の金言!

察しているクリニックや病院とそうでないところがあります。一度、お近くのクリニックに問い合わせてみられるといいと思います。

これからの子育てにとって、他の様々な相談機関と同じように「子どもの精神科」を上手に利用できるようになることも必要なことだと考えています。安心して受診してください。

あとがきにかえて――つばめの巣立ち

平成30年の春、私のクリニックの通用口前に、つばめが巣を作った。初めての経験で興味深く、この場所を選んでくれてとてもうれしかった。土をこねて作った巣は急ごしらえで、深さも足りないようだったし、警告灯の上は土台としては狭く、新人のつばめの夫婦が経験不足で作ったのかなと心配した。

ひなが孵り、大きく開けたくちばしを見せてくれるようになってからの私は、つばめの母として大忙しになった。大量に散らばる糞を掃除し、ひなたちの安全と成長を確認する毎日となり、余計なお世話に明け暮れた。均等にえさがいきわたっているかをチェックし、近くによってきたカラスを撃退し、茂みに蛇が隠れていないか朝夕確認した。あげくのはてに、陰険な目でうちのひなを見ていたという罪で、ただ電線に止まっていたムクドリまで追い払う始末だった。自分の子育てのときにはできるだけ封印していた〝過保護〟を、思う存分発揮した。

5羽のひなは、生まれてすぐ1羽が巣から落ちてしまい、4羽になってしまったが、そのあとはすくすくと育ち、日に日に大きくなっていくつばめを見上げるのが日課になった。

ひながかえって20日ほどたった6月13日の水曜日、快晴で湿度も低く、空気が軽く感じる朝、4羽のつばめの子は、あっけなく何の前触れもなく一斉に巣立っていった。4羽無事に巣立ってうれしいし、鮮やかに姿を消すその様子に爽やかさも感じた。しかし心にぽっかり穴があき、そのさみしさは尋常ではない。

思えば5年前の春、末息子が大学に入学して家を出た。それでとうとう3人の子どもが全員巣立ってしまい、わが家には子どもがいなくなった。「あーこれで安心した！」と強がっていたけど、私の心の中には、その時のさみしさが隠れていたのかもしれない。育てていた子どもがふといなくなってしまったさみしさが、つばめの巣立ちと重なり合って胸にこたえた。こっそり4羽のつばめに子どもたちの名前をつけていたのもまずかったのかもしれない。さみしく空っぽになった巣をいつまでも見上げていた。

などと、ひとり感傷にふけっていたところ、2週間も経たないうちに、親つばめたちは壊れた巣をリフォームして、2回目の子育てを始めた。たくましいものだ。今回は4個の卵が孵化し、やはり1羽のひなが巣から落ちた。ひなたちが親からえさをもらうためのアピールははげしく、押し合いへしあい争っている。弱いひなは踏みつけられ、追いやられて落ちてしまうのかもしれない。人間の子供の兄弟げんかの原点を見る思いだ。

残った3羽のひなの子育ても、もちろん手抜きなく過保護気味に見守った。孵化から3週間が経ち、ひなたちは巣からはみ出すほど大きくなった。そろそろ巣立ちのころかなと思っていた早朝、母つばめと一緒に、4羽のつばめがクリニックの裏口のまわりを飛び回っていた。

4羽のつばめは、かわるがわるひなの目の前で、手本を見せるように飛んでいる。巣立ちを安全にするためか、飛び立つ勇気を応援するためか、つばめたちは近くに止まって見守ったり、ひなの前で飛んで見せたりと、巣立ちを促すようにしばらく乱舞して飛び去った。あっ！　もしかすると前に飛び立った兄姉つばめたちかもしれない。弟たちの巣立ちを応援に来たのだろうか。つばめの群れへと連れていくために、ひなたちを誘いに来たのかもしれない。

それから毎朝、応援隊のつばめたちは巣立ちを促しに来た。4日間ほど促されたのち、今回のひなたちは、しぶしぶという感じで、8月初めの熱風の中巣立って行った。

巣立ちというのは、どんな動物にとっても、緊張感と一抹のさみしさを伴うイベントである。つばめは巣立った後、川辺で集団生活をして、晩秋に遠い南へと渡っていくらしい。

【参考資料】

●子どもの「10歳の壁」とは何か？　乗りこえるための発達心理学
渡辺弥生 著（光文社新書）
●いじめの科学　和久田学 教育講演より
（日本児童青年精神医学会機関誌―児童青年精神医学とその近接領域）
●平成27年度 乳幼児栄養調査結果の概要
（厚生労働省）
●「高校生のスマートフォン・アプリ利用とネット依存傾向に関する調査報告書」の公表
（総務省 情報通信政策研究所ＨＰ）
●熊本市子どもの生活等実態調査の結果について
（熊本市 健康福祉局 子ども未来部 子ども政策課ＨＰ）

初出　本書は、月刊YOU2015年9月号～2017年8月号、2017年10月号～2018年3月号に掲載されました
「心療内科医 なな子の子育て悩み相談室」に加筆、再構成したものです。

お母さん精神科医の育児クリニック
元「研修医 なな子」がお答えします

2018年10月10日第1刷発行

著者　泉 薫子
絵　森本梢子
発行人　北畠輝幸
発行所　株式会社 集英社
〒101−8050 東京都千代田区一ツ橋2−5−10
電話　編集部 03−3230−6177
読者係 03−3230−6076
販売部 03−3230−6393（書店専用）
印刷・製本　凸版印刷株式会社

 ISBN978-4-08-780857-5 C0095　2018 Printed in JAPAN